UNIVERSITÉ DE NANCY. — FACULTÉ DE DROIT

GUILLAUME POYET

AVOCAT ET CHANCELIER

THÈSE POUR LE DOCTORAT EN DROIT

PRÉSENTÉE PAR

Maurice DEUBEL

AVOCAT

L'ACTE PUBLIC SERA SOUTENU LE SAMEDI 22 DÉCEMBRE, A 4 HEURES DU SOIR

Président : M. GAVET, *professeur*
Suffragants : MM. GARDEIL, *professeur.*
BEAUCHET, *professeur.*

VERSAILLES
SOCIÉTÉ ANONYME DES IMPRIMERIES GÉRARDIN
—
1900

THÈSE
POUR LE DOCTORAT

FACULTÉ DE DROIT DE NANCY

Doyen : M. LEDERLIN, ✳, I ☉.
Doyen honoraire : M. JALABERT, ✳, I ☉.
Professeur honoraire : M. LOMBARD (Ad.), ✳, I ☉.

MM. LEDERLIN, ✳, I ☉, Professeur de Droit romain, chargé du Cours de Pandectes et du Cours d'Histoire du Droit (Droit français étudié dans ses origines féodales et coutumières).

LIÉGEOIS, I ☉, Professeur de Droit administratif et chargé du Cours d'Histoire des Doctrines économiques.

BLONDEL, I ☉, Professeur de Code civil.

BINET, I ☉, Professeur de Code civil et chargé du Cours d'enregistrement.

GARNIER, I ☉, Professeur d'Économie politique et chargé du Cours de Législation financière.

MAY, I ☉, Professeur de Droit romain et chargé du Cours de Pandectes et du Cours de Droit international public (Doctorat).

GARDEIL, I ☉, Professeur de Droit criminel et chargé du Cours de Législation et Économie industrielles.

BEAUCHET, I ☉, Professeur de Procédure civile et chargé du Cours de Procédure civile (Voies d'exécution) et du Cours de Législation et Économie coloniales.

BOURCART, I ☉, Professeur de Droit commercial, chargé du Cours de Droit administratif (Doctorat).

GAVET, I ☉, Professeur d'Histoire du Droit, chargé du Cours d'Histoire du Droit et des Institutions juridiques de l'Est.

CHRÉTIEN, I ☉, Professeur de Droit international public et privé, chargé du Cours de Droit civil approfondi.

CARRÉ DE MALBERG, A ☉, Professeur de Droit public et constitutionnel.

GAUCKLER, I ☉, Professeur de Code civil.

MÉLIN, Docteur en Droit, chargé de Conférences.

RENARD, Docteur en Droit, chargé de Conférences.

LACHASSE, I ☉, Docteur en Droit, Secrétaire honoraire.

VALEGEAS, A ☉, Docteur en Droit, Secrétaire.

GUILLAUME POYET

AVOCAT ET CHANCELIER

THÈSE POUR LE DOCTORAT EN DROIT

PRÉSENTÉE PAR

Maurice DEUBEL

AVOCAT

L'ACTE PUBLIC SERA SOUTENU LE SAMEDI 22 DÉCEMBRE, A 4 HEURES DU SOIR

Président : M. GAVET, *professeur*
Suffragants : { MM. GARDEIL, *professeur*.
{ BEAUCHET, *professeur*.

VERSAILLES
SOCIÉTÉ ANONYME DES IMPRIMERIES GÉRARDIN
—
1900

OUVRAGES UTILISÉS

L'art de vérifier les dates, par un Religieux Bénédictin (Paris, 1783).

Bouchard. — Système financier de l'ancienne Monarchie.

Brissaud. — Histoire du Droit (1898).

Brüssel. — Nouvel examen de l'usage général des Fiefs en France.

Catalogue des Actes de François Ier.

Cange (Du).—*Glossarium mediae et infimae latinitatis* (1678).

Clamageran. — Histoire de l'impôt en France.

Corbin. — Traité des Droits de Patronage honorifiques et autres (1622).

Nouveau Coutumier général (Charles A. Bourdot et de Richebourg).

Encyclopédie méthodique (Finance et Jurisprudence).

Esmein. — Cours élémentaire d'Histoire du Droit français (1896).

— Histoire de la Procédure criminelle en France.

Floquet. — Histoire du Parlement de Normandie (Rouen 1840).

Fontanon. — Édits et Ordonnances des Rois de France (1611)

Gaillard. — Histoire de François Ier.

Garnier. — Histoire de France (tome XXV).

Gavet. — Sources de l'Histoire des Institutions et du Droit français.

Girard. — Trois livres des Offices de France.

Glasson.— Histoire du Droit et des Institutions de la France (1887).

Gœtzmann. — Traité du Droit commun des Fiefs d'Allemagne.

Guyot. — Traité des Fiefs.

Hélie (Faustin). — Traité de l'Instruction criminelle (tome I).

Histoire du procès du chancelier Poyet, par l'Historiographe sans gages et sans prétentions (1776).

Hubert-Valleroux. — Les Corporations d'Arts et Métiers et les Syndicats professionnels en France et à l'Étranger (Paris, 1885).

Isambert. — Recueil général des anciennes lois françaises (1822).

La Popellinière. — L'amiral de France (Paris, 1584).

La Roche-Flavin (De). — Treize livres des Parlements de France (1621).

Laval (De). — Continuation de l'Histoire du Connétable de Bourbon, insérée dans *Desseins de professions nobles et publiques* (édition du *Panthéon Littéraire*).

Le Laboureur. — Additions aux Mémoires de Castelnau.

Loyseau. — Traité des Offices.

Loysel. — Institutes coutumières (Eusèbe de Laurière, 1846).

Luchaire. — Histoire des Institutions monarchiques de la France sous les premier Capétiens (1883).

Mare (De la). — Traité de la Police.

Marillac. — Histoire du Connétable de Bourbon (édition du *Panthéon Littéraire*).

Maulde (De). — Procédures politiques du règne de Louis XII.

Michaud. — Biographie universelle.

Mure (La). — Histoire des Ducs de Bourbon (édité par Chantelauze).

Ordonnances des Rois de France de la troisième race (Recueil du Louvre).

Parieu (De). — Traité des Impôts.

Parrot. — Messire Guillaume Poyet. — Extrait des Mémoires de la Société Académique de Maine-et-Loire (19ᵉ volume).

Pasquier. — Recherches de la France (1633).

Porée. — Un Parlementaire sous François Iᵉʳ.

— Extrait de la Revue d'Anjou (1898).

Rivière. — Histoire des Institutions de l'Auvergne.

Semainville (De). — Code de la Noblesse française.

Tillet (Du). — Recueil des Rois de France, contenant le Recueil des Rangs des Grands de France (1618).

INTRODUCTION

Guillaume Poyet naquit à Angers en 1473.
Après avoir étudié le droit dans les plus célèbres
Universités de la France, il s'établit avocat dans
sa ville natale, qu'il quitta en 1510 pour se faire
inscrire au barreau du Parlement de Paris. Là,
son talent fut vite remarqué et lui valut d'être
choisi comme avocat pensionnaire (1) par plusieurs grands personnages, notamment par Louise
de Savoie, duchesse d'Angoulême et mère de
François Ier. C'est ainsi qu'il eut à plaider dans le
procès que cette dernière intenta, en 1522, au
connétable de Bourbon. Poyet montra au cours de
cette affaire des qualités qui lui firent, quelques
années plus tard, en 1530, obtenir le titre d'avocat
du roi. Ce fut le commencement de la fortune de
Poyet, qui, dès lors, se trouva mêlé à tous les
grands événements de son temps. Dès 1532, il
eut entrée au Conseil privé ; puis il fit partie de
plusieurs missions diplomatiques ; en 1534, il
devint président du Parlement. Il jouissait telle-

(1) Porée. *Un Parlementaire sous François Ier*, p. 13. — Les
avocats pensionnaires recevaient un traitement annuel et
devaient intervenir, sans mandat spécial, dans toutes les causes
où les intérêts de leurs clients étaient engagés.

ment, à cette époque, de la confiance de François Ier, qu'il fut chargé par celui-ci de recueillir et de dépouiller les papiers du chancelier Duprat qui venait de mourir ; il était ainsi initié à tous les secrets de la politique. Son activité et sa haute intelligence s'accommòdaient des fonctions les plus diverses : en 1536, par exemple, il fut commissaire aux armées, chargé de la police et du ravitaillement.

Cette capacité universelle lui valut, en 1538, la place de chancelier. Durant les quatre années qu'il passa au pouvoir, Poyet tenta de réformer toutes les branches de l'administration ; il essaya d'introduire dans les Finances de l'ordre et de l'équité; il s'efforça de rendre la justice plus expéditive et d'améliorer le personnel des tribunaux ; il prit des mesures pour favoriser le développement de l'industrie et du commerce ; malheureusement aussi, il persécuta les protestants pour s'assurer les faveurs de l'Eglise (1).

Les théories autoritaires de Poyet, ses réformes excitèrent contre lui bien des mécontentements; l'accroissement des impôts, dont il n'était pas responsable, le rendit impopulaire. En même temps, mêlé aux intrigues de la cour, il abusa de son pouvoir pour accabler ses adversaires, notamment l'amiral Chabot de Brion; mais la faction opposée finit par l'emporter, et Poyet, qui avait

(1) Il se fit ordonner prêtre à soixante ans et sollicita l'archevêché de Narbonne et le chapeau de cardinal, en 1540.

déplu à la sœur et à la maîtresse du roi, succomba à son tour. Tout le monde alors se retourna contre lui ; sa vie entière fut soumise à une inquisition minutieuse, et finalement il fut traduit devant une commission extraordinaire qui le condamna. Les contemporains et la postérité ne virent plus en lui qu'un monstre odieux, et tous les historiens répétèrent à l'envi, contre lui, les plus graves accusations. Tous lui reprochèrent d'avoir, lors du procès de Louise de Savoie contre le connétable de Bourbon, soutenu, pour capter les bonnes grâces de la mère du roi, une cause absolument injuste ; d'avoir, par une ordonnance de 1539 et pour mieux faire condamner un innocent, son ennemi, l'amiral Chabot, introduit dans l'instruction criminelle des rigueurs inconnues jusquelà ; d'avoir augmenté démesurément les impôts et employé une foule de mauvais moyens de remplir les caisses du roi ; enfin, et d'une manière générale, d'avoir abusé de son pouvoir dans son intérêt personnel, pour s'enrichir lui et les siens.

Nous avons entrepris de voir si dans ces accusations il n'y aurait pas quelque exagération, et si Poyet ne pourrait pas être au moins partiellement réhabilité. Mais, dans ce travail, nous nous plaçons uniquement au point de vue juridique (1) ; c'est dans l'étude du droit et des institutions du

_____

(1) M. Porée a, dans le même but, publié un ouvrage, inconnu de nous au moment où nous avons entrepris cette étude, dans lequel il traite la question au point de vue historique. Cet ouvrage, fort documenté, nous a fourni de précieux renseignements.

xvie siècle que nous voulons chercher la solution.

Nous allons, dans ce but, retracer l'œuvre de Poyet, en suivant autant que possible l'ordre chronologique, et nous examinerons, chemin faisant, chacune des accusations portées contre lui.

Nous commencerons par l'étude du procès de 1522, entre la duchesse d'Angoulême et le connétable de Bourbon. Cette cause nous fournira l'occasion de voir les règles relatives à la succession aux fiefs et aux apanages et leur évolution : nous assisterons à la victoire définitive de la royauté sur le dernier reste de la féodalité.

Dans un second chapitre, nous dirons le rôle de Poyet dans l'administration de la justice : nous exposerons en particulier la procédure criminelle avant et après l'ordonnance de 1539, ce qui nous permettra de juger des prétendues innovations contenues dans cette dernière.

Le troisième chapitre sera consacré à l'œuvre financière du chancelier Poyet : nous dirons les modifications qu'il introduisit dans le système fiscal de ses prédécesseurs.

Le sujet du quatrième chapitre sera le procès de l'amiral Chabot : nous y verrons l'application des principes de droit criminel admis au xvie siècle, et nous aurons l'occasion d'étudier plusieurs parties du droit public de cette époque.

Enfin, dans le cinquième et dernier chapitre, nous examinerons le procès qui fut dirigé contre

Poyet et les accusations dont nous n'aurons pas parlé avant ; nous devrons, pour faciliter la lecture de ce chapitre, y traiter rapidement de l'état de chancelier.

CHAPITRE PREMIER

Procès plaidé en 1522 entre la duchesse de Savoie et le connétable de Bourbon.

Nous avons vu que Guillaume Poyet faisait partie du conseil des avocats pensionnaires de Louise de Savoie, mère du roi François Ier ; c'est en cette qualité qu'il fut chargé du procès que cette princesse intenta, au mois d'août 1522, devant le Parlement de Paris, au connétable de Bourbon. « Grande cause véritablement si jamais il s'en présenta de grande en la France, soit que vous considériez la grandeur du sujet, ou des parties, ou des avocats. Car il était question de deux duchés, quatre comtés, deux vicomtés, plusieurs baronnies et châtellenies, et une infinité d'autres seigneuries. Trois illustres parties, une mère de Roy, un prince du sang connétable, et finalement, le Roy lui-même. Trois signalés avocats : Poyet, depuis chancelier ; Montholon, garde des sceaux ; Lizet, premier président du Parlement de Paris (1). »

Nous n'avons pas à étudier ici les causes véritables ou supposées de ce procès : la haine de

(1) Pasquier, *Recherches de France*. — Livre VI, ch. XI, p. 483.

Louise de Savoie contre Anne de Beaujeu (1) et
son dépit d'avoir vu sa main refusée par le duc de
Bourbon, le mécontentement du roi contre « le
prince mal endurant » et son désir d'humilier et
de réduire le vassal superbe qui exerçait dans ses
immenses domaines la plupart des droits régaliens,
et déployait un faste dont François Ier lui-même
était jaloux.

Voyons, au contraire, quel était l'objet du
différend, et dans quelles circonstances il avait
pu naître : un rapide historique est ici nécessaire.

Robert, fils de Saint-Louis, roi de France, reçut
en apanage, à sa majorité, le comté de Clermont-
en-Beauvoisis (1269) ; il épousa Béatrix de Bourgogne qui lui apporta en dot la baronnie, plus
tard duché de Bourbonnais. Ses premiers successeurs, par des achats ou des mariages, augmen-
tèrent leurs domaines et acquirent notamment la
Marche, le Forez, le Beaujolais. En l'an 1400 (2)
fut conclu le mariage de Jean, fils aîné du duc
Louis II de Bourbon, avec Marie, fille de Jean, duc
de Berry ; par permission du roi Charles VI, ce
dernier donna en dot à sa fille le duché d'Auvergne
qu'il tenait en apanage, et en retour, il fut stipulé
que les duchés de Bourbonnais et de Forez, apports
du fiancé, « sortiraient nature d'apanage » et

---

(1) Belle-mère du connétable.
(2) Marillac, *Histoire du Connétable de Bourbon*. — Édition
du *Panthéon littéraire*, p. 125 et suiv.

seraient réunis à la couronne au cas d'extinction
de la ligne masculine issue du présent mariage-
En 1408, Louis II fit un testament par lequel il
établit une substitution « *de primogenito in
primogenitum* » pour les duchés de Bourbonnais,
de Forez et le comté de Clermont (1); puis il
mourut en 1410. Son fils, Jean, premier du nom,
lui succéda; il eut plusieurs enfants : Charles,
l'aîné, qui fut duc de Bourbon, et Louis, comte de
Montpensier, aïeul du connétable. A la mort de
leur père, les deux fils recueillirent sa succession:
l'aîné eut la plus grosse part, comme héritier
universel, et « appana » son frère du comté de
Montpensier (2). Celui-ci ne se trouva pas satisfait,
et réclama un supplément de part; il reçut quelque
satisfaction, et le 22 mars 1459, à Montbrison,
renonça pour lui et ses héritiers à tout ce qu'ils
pourraient réclamer à titre de succession des biens
de la maison de Bourbon (3).

Le duc Charles Ier mourut en 1456, laissant dix
enfants, dont trois seulement nous intéressent:
Jean II, mort en 1488, sans enfants; Pierre II,
d'abord sire de Beaujeu, puis, à la mort de son
frère, duc de Bourbon; enfin Marguerite, mariée
à Philippe de Savoie, dont elle eut une fille, Louise

(1) Extrait du plaidoyer de Montholon, rapporté par Laval.
— *Continuation de la vie du Connétable de Bourbon.* — *Panthéon
littéraire*, p. 174 et 177.

(2) MARILLAC, p. 126. — LAVAL, p. 179.

(3) Renonciation contenue aux Preuves de LA MURE, *Histoire
des ducs de Bourbon*, éditée par Chantelauze.

de Savoie, la mère de François Ier, et l'une des
parties au procès de 1522. Pierre II n'étant encore
que simple cadet de famille avait épousé une fille
de Louis XI, Anne, bien connue sous le nom
d'Anne de Beaujeu ; par son contrat de mariage,
il avait établi « en tant qu'il le pourrait toucher »
le retour à la couronne des biens de la maison de
Bourbon, pour le cas où lui-même mourrait sans
descendance mâle legitime (1). A la mort de Jean II,
duc de Bourbon, Pierre, déjà âgé, n'avait pas
encore d'enfant, et la clause de son contrat de
mariage pouvait sembler bien près de se réaliser
au détriment de la branche cadette des Montpensier. Aussi, Gilbert, fils du comte Louis, se
fit-il, en 1488, relever, par un arrêt du Parlement
de Paris, de la renonciation passée trente ans plus
tôt, à Montbrison, par son père ; il conclut en
même temps avec le sire de Beaujeu une transaction d'après laquelle les biens de la maison de
Bourbon passeraient à Gilbert, au cas de décès de
Pierre sans postérité (2).

Trois ans après, en 1491, Anne de Beaujeu
mit au monde une fille, Suzanne ; elle obtint, en
1498, à l'avènement de Louis XII, la renonciation
du nouveau roi au bénéfice de la clause de retour
à la couronne, insérée dans son contrat de
mariage. Le Parlement refusa d'enregistrer cette

(1) PASQUIER, livre VI, ch. XI.
(2) DE MAULDE. *Procédures potitiques du règne de Louis XII*,
p. 1150.

renonciation en ce qui touchait les comté de Clermont et duché d'Auvergne (1).

Gilbert de Montpensier était mort en 1496; Pierre II mourut en 1503; dans l'année de ce décès, Charles, seul fils survivant de Gilbert, réclama la succession du duc de Bourbon, à l'exclusion de la jeune Suzanne. Pour assoupir le différend, le roi Louis XII unit les deux jeunes gens par un mariage, confondant ainsi les prétentions rivales. Un contrat de mariage fut fait « par forme de transaction et appointement » et rédigé de façon à laisser « à l'arbitrage du lecteur de juger qui l'on devait estimer être seigneur ou dame de tous les duchés et comtés....... Car combien que l'on attribuait seulement à Charles la qualité de comte de Montpensier, et à Suzanne celle de duchesse de Bourbon, comme si elle en fût dame, toutefois douaire de dix mille livres par an lui est assigné sur les duché d'Auvergne et comté de Clermont, et Anne de France, mère, fut assignée par le futur époux de ses deniers dotaux sur le duché de Bourbonnais (2) ». De plus, les deux futurs conjoints se font « donation mutuelle l'un à l'autre au survivant d'eux deux, au cas qu'ils n'aient enfants vivants lors du trépas, de tous les biens que le prémourant aura au temps de son décès, au profit du survivant et de ses hoirs (3) ».

(1) Pasquier, édition 1633, p. 480.

(2) Pasquier. *Recherches de la France,* livre VI, ch. XI.

(3) Laval. *Continuation de l'Histoire du Connétable de Bourbon, Panthéon littéraire,* p. 175.

Au mois d'avril 1519, Suzanne de Bourbon fit un testament par lequel elle instituait « son héritier universel Monsieur son époux ».

Malgré toutes ces précautions, le connétable de Bourbon ne devait pas jouir en paix de ses immenses domaines. Après la mort de sa femme, en 1521, il fut actionné par Louise de Savoie, cousine germaine de Suzanne, dont elle revendiquait la succession, comme plus proche en degré (1).

Le 11 août 1522, Louise de Savoie forma « Complainte en cas de nouvelleté », c'est-à-dire intenta une action possessoire contre Charles de Bourbon et Anne de Beaujeu (2). Les plaidoiries commen-

(1) Tableau Généalogique des Bourbon

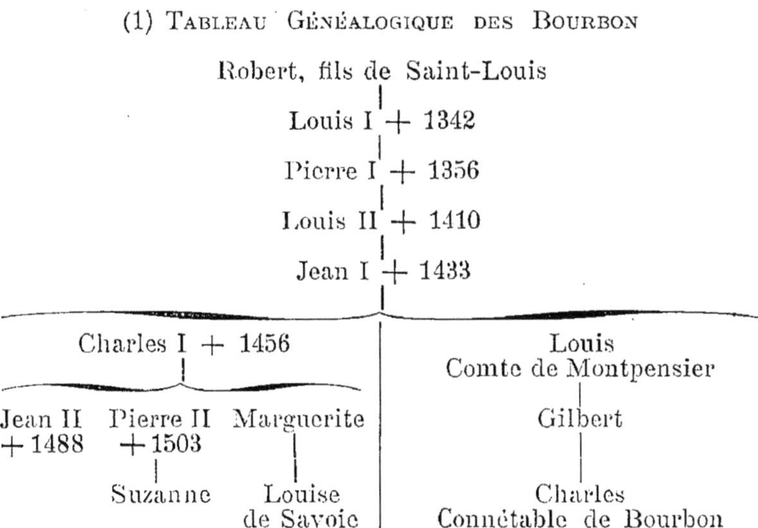

(2) Nous ne parlerons pas, au cours de cette étude, des droits et moyens d'Anne de France ; elle se bornait, pour soutenir son gendre, à réclamer l'usufruit des biens de la succession ; sa mort, survenue au début de l'instance, fit que le Parlement n'eut pas à s'occuper de ses prétentions.

cèrent le lendemain : Poyet était avocat de la de-
manderesse ; Montholon et Bouchard ceux du connétable et de sa belle-mère ; l'avocat général Lizet
intervint à son tour, demanda communication des
titres, disant que « tel faisait souvent lever le
lièvre qui ne le prenait pas, mais tombait inespé-
rément dans les mains d'un autre qui n'y pen-
sait... que cela pouvait advenir en la cause qui
se présentait » et qu'après examen des pièces,
« peut-être se trouverait-il que les deux parties
disputaient de la chape à l'évêque, et que nul n'y
avait aucun droit que le roi (1) ».

Les plaidoyers de ces grands avocats étaient,
suivant le goût du temps, remplis d'une « en-
nuyeuse et prodigieuse quantité d'allégations de
lois, de droit canon, d'autorités mal trans-
crites (2) ». « Ces trois grands guerriers, dit
Pasquier (3), s'armèrent d'une jurisprudence
pédantesque mandiée d'un tas d'écoliers italiens
que l'on appelle docteurs en droit, vrais provi-
seurs de procès ; et tout ainsi qu'il est aisé de
s'égarer dedans une touffe de bois, aussi dedans
un pêle-mêle d'allégations bigarrées, au lieu
d'éclaircir la cause, on n'y apporta qu'obscurités
et ténèbres. » C'est pourquoi, sans nous attarder
à suivre l'argumentation des avocats, nous examinerons le fond du procès.

(1) Pasquier, p. 482.
(2) Laval, p. 173.
(3) *Recherches de la France*, l. VI, ch. XI.

Parmi les immenses domaines dépendant de la succession de Suzanne de Bourbon, nous pouvons distinguer deux sortes de biens : les apanages et les fiefs ordinaires. Voyons donc quelles étaient les règles suivies pour la succession aux apanages, puis celles admises pour la succession aux fiefs ; nous aurons ensuite à examiner si ces règles devaient s'appliquer dans l'espèce, ou si elles devaient être modifiées à raison de coutumes particulières à la maison de Bourbon, ou à cause de l'origine de certains de ces domaines.

Les règles relatives à la dévolution des apanages ne s'établirent pas en un jour ; elles ne furent, d'autre part, codifiées que très tard, et seulement après avoir subi une évolution complète et une transformation absolument radicale.

Lorsque sous la troisième race des rois de France eut prévalu le principe de l'indivisibilité de la couronne, les rois concédèrent à leurs enfants ou à leurs frères et sœurs puînés des domaines, des seigneuries qui furent nommés des apanages. La même habitude existait dans presque toutes les familles seigneuriales soumises au droit d'aînesse : le fils aîné, successeur universel de ses parents, devait à ses frères et sœurs une sorte de pension alimentaire (apanage, de *panis*, pain). Cette dette n'était pas une quotité fixe ; elle pouvait d'ailleurs être payée en terres ou en argent. A l'origine, les apanages des puînés de France ne différaient en rien des apanages féodaux, parce qu'à ce moment, les rois n'étaient guère eux-mêmes que de simples seigneurs. Les cadets de nos rois reçurent donc d'abord des fiefs en toute propriété, fiefs patrimoniaux, hérédi- taires. C'est ainsi qu'en 1032 (1), Robert, dit le Vieux, fut nommé duc de Bourgogne par le roi Henri, son frère : il fut le chef d'une dynastie qui ne s'éteignit qu'en 1360, par la mort de Philippe de Rouvre. Le duché fit alors retour au roi de France, Jean, petit-fils de l'avant-dernier duc Robert, et cette parenté fut le seul titre qu'il fit valoir en sa faveur : « Notum facimus per presentes quod cum nuper per mortem carissimi filii nostri Philippi ducis Burgundie, dictus duca- tus Burgundie.... nobis in solidum jure proxi- mitatis, non ratione corone nostre, debitus, ad nos fuerit devolutus (2). »

Ces constitutions d'apanages présentaient le grave danger de diminuer le domaine de la cou- ronne et d'affaiblir la royauté au moment où elle avait besoin de toutes ses forces dans sa lutte contre la féodalité. En même temps, elles créaient une nouvelle féodalité plus puissante et plus orgueilleuse que l'ancienne, et qui ne tarda pas à porter ombrage aux rois. Ceux-ci essayèrent alors de parer à ces inconvénients.

(1) *Art de vérifier les dates*, t. II, p. 496 et suiv.

(2) Charte de réunion des duchés de Bourgogne, de Norman- die... à la couronne.

Isambert. — *Anciennes lois françaises*, t. V, n° 329.

D'abord, et dès le XIIIe siècle, ils introduisirent dans les actes constitutifs, des clauses destinées à assurer, dans certains cas, le retour à la couronne des biens ainsi donnés.

La première de ces clauses fut celle de retour faute d'hoirs : primitivement sans exclusion d'aucune catégorie d'héritiers (1), puis bientôt avec exclusion des collatéraux. La formule suivante se rencontre dans tous les actes de Louis VIII et Louis IX : « Nos carissimo filio et heredibus suis de corpore suo procreatis et etiam procreandis, damus... Quod si forte contigerit eundem filium nostrum, vel heredem suum aut heredes, sine herede de corpore suo decedere, praedicta omnia ad heredem seu successorem nostrum libere revertentur (2). » Ainsi se créa une coutume que consacra la jurisprudence. Par exemple à la mort de Jeanne, comtesse de Clermont, les comtes de Poitou et d'Anjou, frères de saint Louis, cousins de ladite Jeanne, « voulaient succéder audit comté chacun pour un tiers ; où ils furent empêchés par le roi saint Louis ; pour ce que la donation faite à Philippe était sujette à retourner à la couronne ; et de ce fut donné arrêt l'an

---

(1) CHOPIN, *De Domanio* : Prius enim tradebatur panagium Maevio ac hæredibus, nulla sexus discretione, qualitate vel hæredum præfinita. In hanc speciem Atrebaticus ager Roberto datus, mense junio an. 1225. Cité par ESMEIN, *Histoire du Droit*, p. 319.

(2) Apanage de Philippe-le-Hardi, de Robert de Clermont. — Dans BRUSSEL, *Nouvel examen de l'usage général des Fiefs en France*.

1201 (?) (1) ». Citons encore un autre arrêt du Parlement, de 1283, prononçant la réunion à la couronne du Poitou et de l'Auvergne, à la mort d'Alphonse, frère de saint Louis, et déboutant Charles d'Anjou, frère du de cujus, plus proche en degré que le roi Philippe III (2). Par contre, à la même époque, les femmes étaient parfaitement admises, ainsi qu'il résulte de jugements et arrêts rendus au profit de Mahaud d'Artois par Philippe-le-Bel en 1309, Philippe-le-Long en 1318, Philippe de Valois en 1322 (3), condamnant la prétention de Robert d'Artois, qui soutenait que le comté d'Artois ayant été apanage de Robert de France, frère de saint Louis, sous clause de retour à la couronne à défaut d'hoirs, ne pouvait échoir aux femelles et ne devait passer qu'aux mâles. Dans le même sens, mentionnons une décision du roi Philippe-le-Long, aux termes de laquelle le comté de la Marche, apanage de Charles-le-Bel, tiers fils de Philippe-le-Bel, était déclaré « être de la nature de pouvoir venir à succéder tant aux mâles qu'aux femelles, ainsi qu'il a été depuis observé en la personne de Éléonore, fille de Jacques de Bourbon, qui succéda audit comté de la Marche, lequel vint par son décès à Jacques d'Armagnac,

(1) Plaidoyer de Poyet dans *Laval*, édition du *Panthéon littéraire*, p. 181.

(2) CANGE (DU), *Glossarium ad scriptores mediae et infimae latinitatis*, v° *Apanare*. — TILLET (DU), *Recueil des rois de France*, p. 287.

(3) *Art de vérifier les dates*, 2, p. 770. — BRILLON, *Dictionnaire des arrêts*, au mot *Apanage*.

son fils (1) ». Bien plus, il ne manque pas d'exemples d'apanages donnés à des filles de France. Le comté de Vexin fut transporté à Marguerite, fille du roi Louis-le-Jeune (2). En 1372, Isabeau, fille du roi Jean, épouse Jean Galéas Visconti et obtient le comté de Sommières, en Languedoc, érigé en apanage, avec stipulation de retour à la couronne « défaillants fils et filles ». « Plus tard contre ce comté fut échangé celui de Vertus en Champagne, qui avait été donné aux mêmes conditions en mariage à Valentine de Milan, fille de la précédente, épouse de Louis duc d'Orléans, qui le remit à son tour à sa fille, Marguerite d'Orléans, mariée à Richard de Bretagne. Déjà le comté de Ponthieu avait été donné également pour les héritiers des deux sexes à Isabeau, sœur de Philippe-le-Bel, mariée en 1357 à Édouard Ier, roi d'Angleterre (3). »

Mais ces démembrements du domaine au profit des filles présentaient de plus graves dangers encore que ceux au profit des mâles, à raison des mariages qui pouvaient faire entrer ces biens dans des familles étrangères ou ennemies. Les rois introduisirent alors dans les constitutions d'apanages une nouvelle clause, celle d'exclusion des femelles ; à l'ancienne formule « à un tel et aux héritiers de son corps », ils substituèrent celle-ci :

(1) POYET, *Plaidoyer*, rapporté par Laval, p. 181.

(2) *Encyclopédie méthodique*, au mot *Domaine*.

(3) SEMAINVILLE (DE), *Code de la Noblesse française*, p. 282. — TILLET (DU), *Recueil*, p. 310.

« aux descendants mâles ». Philippe-le-Hardi, le premier (1), apporta cette nouvelle restriction pour les dons qu'il fit à ses fils puînés Charles et Louis ; Philippe-le-Bel fit de même dans son codicille où il concède le Poitou à son frère. Citons encore, par exemple, les lettres (2) de Charles VI au profit de son frère Louis de France (3).

Les Légistes en même temps vinrent au secours de la royauté, et voulurent ériger en principe cette exclusion des filles. Ils partirent pour cela de la théorie de l'inaliénabilité du domaine, théorie qui commença à se faire jour à la fin du XIIIe siècle. A cette époque, nous ne la trouvons pas encore formulée d'une manière positive ; mais en 1318, Philippe-le-Long, et après lui tous ses successeurs, révoquèrent les donations faites par les rois leurs prédécesseurs ; remarquons toutefois que de ces révocations (4) sont exceptés les biens donnés en apanages aux fils de France. Cette exception subsistera quand, par suite d'une évolution que nous n'avons pas à étudier, la théorie de l'inaliénabilité du domaine, définitivement constituée et fondée sur ce que le roi n'étant en réalité

(1) GLASSON, *Histoire du Droit et des Institutions de la France.* T. V., p. 516.

(2) ISAMBERT, VI, n° 93.

(3) Charles V, d'autre part, avait, en 1374, décidé qu'à l'avenir les filles de France seraient dotées en argent. *Ordonnance de Melun*, ISAMBERT, v. n° 551.

(4) Par exemple : *Lettres de Jean, roi de France*, 1360. ISAMBERT, v. n° 311.

qu'usufruitier (1) des biens de la Couronne ne peut en disposer en pleine propriété, quand cette théorie sera exposée dans un acte législatif, l'ordonnance de 1566 (2), dont l'article 1 porte, en effet : « Le domaine de notre couronne ne peut être aliéné qu'en deux cas seulement : l'un pour apanage des puînés mâles de la maison de France, auquel y a retour à notre couronne par leur décès sans mâles, en pareil état et condition qu'était ledit domaine lors de la concession de l'apanage... (3). »

L'exclusion des filles fut alors rattachée par les légistes à la règle appelée improprement la loi salique ; l'apanage, continuant fictivement à faire partie du domaine de la couronne, est soumis aux mêmes lois successorales que cette couronne (4).

Non contents de poser pour l'avenir le principe de la masculinité des apanages, les légistes voulurent le faire rétroagir et y soumettre, par conséquent, les biens concédés sous le régime de

---

(1) TILLET (DU), *Recueil des rangs des Grands de France,* p. 123.

(2) Édit de Moulins, février 1566, ISAMBERT, XIV, nᵒ 108.

(3) Et encore il ne s'agit pas ici d'une véritable aliénation, puisque les biens ne sont séparés du domaine que pour un temps et doivent y faire retour francs et quittes de toute dette ou charge.

(4) « Aucuns mêmement les anciens apanages sont pour les fils de France et leurs hoirs. Ce mot d'hoirs étant général pour les mâles et les femelles a engendré plusieurs grandes querelles sans raison. Car puisque les femelles par ladite loi étaient excluses de l'apanage fait des biens étant du domaine de ladite couronne : ledit mot d'hoirs, simplement écrit ou prononcé, était entendu des seuls mâles, en chose non transmissible à d'autres. Si c'eût été choses transmissibles à femelles et mâles ledit mot eût été entendu des unes et des autres. »

DU TILLET. *Recueil des rois de France,* p. 288.

la règle contraire. Mais ils se heurtaient alors aux faits, notamment aux nombreuses donations faites à des filles de France ; pour se tirer d'embarras, ils imaginèrent une nouvelle théorie. Ces apanages féminins, d'après eux, n'étaient pas à proprement parler des apanages ; ils étaient, certes, légitimement possédés, mais en vertu d'une deuxième exception au principe de l'inaliénabilité du domaine, en vertu d'engagements. Les dots des filles de France étaient constituées et payables en deniers ; mais aussitôt le paiement, les rois reprenaient ces deniers à titre de prêt, et comme sûreté engageaient des terres. Il en résultait que ces biens étaient toujours rachetables par la couronne. Ainsi s'expriment les jurisconsultes du XVIᵉ siècle : « L'apanage, dit Guy Coquille (1), est de deux sortes..... aux filles des rois, pour être rachetable en deniers à toujours, sans aucune prescription. Car la dot ou apanage d'une fille de France est originairement en deniers. » « Les rois, écrit du Tillet (2), donnent des terres de leur domaine par engagement à mesdames filles de France, non plus, autrement l'immeuble qui leur est baillé en dot est improprement appelé apanage. » La complication du raisonnement montre bien qu'il s'agit ici d'une théorie imaginée *ex post facto*, et plutôt inspirée par des raisons politiques que justifiée au point de vue juridique.

(1) Cité par Esmein, *Hist. du Droit*, p. 320, note.
(2) *Recueil des rois de France*, p. 310.

Les considérations qui précèdent nous expliquent bien comment, dans le procès qui nous occupe, les deux adversaires pouvaient soutenir deux thèses absolument contradictoires et produire tous deux, à l'appui de leurs allégations, des textes et des exemples. Elles nous expliquent également l'intervention et l'attitude du procureur général Lizet : c'est, en effet, par l'organe du ministère public que furent peu à peu formulées et imposées toutes les nouvelles doctrines si avantageuses à la royauté, qui aboutirent à élever sur les ruines de la féodalité le solide édifice de la monarchie absolue.

Nous ne trouvons plus les mêmes contradictions, à cette époque, en ce qui concerne les règles applicables à la succession aux fiefs ; l'évolution subie par ces règles est depuis longtemps finie ; elles sont consignées en détail dans les diverses coutumes. Avant de passer à l'étude de ces coutumes, exposons rapidement l'origine et le développement de cette partie du droit.

La féodalité s'est formée en France spontanément, dans une période d'anarchie profonde ; sans remonter à ses origines lointaines, comme le patronage romain et les habitudes germaniques de l'assujettissement contractuel, ou à ses précédents immédiats : bénéfices (1), immunités, sénio-

---

(1) Le mot bénéfices comprend les offices ou fonctions publiques ; le roi franc considérait ces fonctions comme sa propriété, au même titre que ses autres biens ; il les conférait à titre de bénéfice à ses fidèles.

rats, disons simplement avec M. Brissaud (1) que le fief proprement dit est sorti « de la fusion de la vassalité et du bénéfice » et que « dès le ixᵉ siècle cette fusion est en voie de s'opérer ; au xᵉ siècle elle est consommée ».

Le bénéfice était devenu, en fait, héréditaire ; le capitulaire de Quierzy, en 877, reconnaît comme équitable la prétention du fils à conserver le bénéfice obtenu par son père, mais réserve le droit du roi — ou du concédant — d'investir l'héritier et d'en exiger le serment de fidélité. Le fief, concession de terres (ou de droits immobiliers) sous certaines charges et conditions, fut à l'origine une tenure strictement attachée à la personne du vassal, c'est-à-dire viagère et inaliénable ; en effet, la considération de la personne était essentielle, à cause de l'importance des obligations imposées : service militaire, service de conseil, service de cour ou de justice, et dans certains cas exceptionnels, services pécuniaires. A la mort du vassal, le suzerain réglait librement la transmission du fief ; il accordait, en général, l'investiture à celui des enfants du défunt qui lui paraissait le plus capable. Au xᵉ siècle, Hugue Capet et Robert II disposent ainsi des biens de leurs vassaux, parfois même au détriment des héritiers naturels (2). Mais, peu à peu, se consolida le droit de succession des enfants :

---

(1) Brissaud. *Histoire du Droit*, 659.

(2) Luchaire. *Histoire des Institutions monarchiques de la France sous les premiers Capétiens.* T. II, p. 4 et suiv.

le seigneur n'intervint plus que pour donner à l'héritier une investiture qu'il n'avait pas le droit de refuser, et recevoir la foi et hommage ; cette transformation s'opéra par une possession prolongée, une sorte de prescription, l'état de fait devenant l'état de droit. Pour les grands fiefs, c'est-à-dire pour les successeurs des comtes et des immunistes de l'époque franque, surtout pour les plus éloignés du siège de la royauté, l'hérédité s'établit plus rapidement : les titulaires de ces seigneuries furent assez puissants pour rompre à peu près tous liens de subordination vis-à-vis des faibles successeurs de Charlemagne ; et surtout après le changement de dynastie, comme ils ne tenaient pas leurs bénéfices des Capétiens, les grands du royaume ne sollicitaient guère l'investiture royale que lorsqu'ils avaient besoin de prouver contre des compétiteurs la légitimité de leur titre et de leurs droits.

Dans tous les cas, au cours du xie siècle, le caractère héréditaire du fief est définitivement établi : mais « cette hérédité est réglée autrement que celle des biens non nobles ; la volonté du seigneur y préside, en quelque sorte, pour faire respecter la destination du fief, son caractère de dotation militaire à laquelle on ne peut toucher sans mettre le vassal dans l'impossibilité de tenir ses engagements. Les singularités de la succession féodale s'expliquent par l'idée d'une concession nouvelle ou d'une confirmation par le seigneur (1) ».

(1) Brissaud, *Histoire du Droit*, p. 712.

Parmi les singularités de ces successions, nous n'avons à étudier ici que le privilège de masculinité.

Les femmes furent-elles dès l'origine absolument exclues de la succession aux fiefs, c'est-à-dire furent-elles incapables de recueillir et de posséder un fief ? Les auteurs ne s'accordent pas à ce sujet (1) ; cette question du reste est plutôt une question de fait qu'une question de droit, puisque le seigneur concédait des terres à qui il voulait, et aux conditions qu'il lui plaisait de fixer. Or, les historiens nous citent à des époques très reculées des femmes titulaires de bénéfices et de seigneuries. C'est ainsi, paraît-il, qu'en 793, Halembruge, fille de Court-Nez investi par Charlemagne de la principauté d'Orange, lui succéda ; qu'en 905 Atalane hérita du comté de Mâcon ; qu'en 952 enfin Hermengarde possédait le duché de Bourgogne et le laissa plus tard à sa fille Gerberge (2). Néanmoins, nous pensons qu'il s'agit ici de cas exceptionnels ; en général, les filles devaient être exclues : elles le sont par les *Libri Feudorum* (3). ·

(1) DU CANGE, dans son *Glossarium*, n'admet pas l'exclusion des femmes.

M. ESMEIN, p. 203 : la coutume « sans l'exclure absolument chercha à l'écarter... »

(2) DE SEMAINVILLE, 282.

(3) *Libri Feudorum*, I, 1, § 3 et 4 ; 1, 8 (cité par BRISSAUD). — Nous n'ignorons pas que le *Livre des Fiefs* n'avait en France aucune valeur législative, mais seulement une autorité doctrinale que lui refusaient même certains jurisconsultes, parmi lesquels Dumoulin.

Cette exclusion est rattachée par certains auteurs (1) aux vieilles coutumes germaniques, privant les femmes de toute part dans la succession de leurs parents, coutumes dont l'existence est constatée jusque dans la loi salique (titre 62ᵉ), et qui auraient subsisté pour les nobles, en vertu du principe de la personnalité des lois ; elle tenait, d'après d'autres écrivains (2), à l'incapacité de la femme à remplir les devoirs féodaux, surtout le service militaire. Quoi qu'il en soit, d'une part le principe barbare, déjà battu en brèche à l'époque franque (3), s'effaça peu à peu ; d'autre part, si la femme ne pouvait en personne acquitter les obligations imposées aux vassaux, elle avait la ressource de le faire par l'intermédiaire d'un représentant, et surtout de son représentant naturel, son mari. Aussi les seigneurs concédant des fiefs prirent-ils de bonne heure l'habitude d'insérer dans les actes de constitution des clauses appelant les femmes à la succession ; en général cependant, à degré égal, les mâles étaient préférés. A

(1) Loysel, *Institutes coutumières*, 637. Note d'Eusèbe de Laurière. — Du Tillet, *Recueil des rois de France*, p. 3. — Glasson, VII, p. 466.

(2) *Très ancienne coutume de Bretagne*, ch. 232. — « Pour ce qu'il n'appartient pas à feme à aller en ost, ne en chevauchée où il aurait fet d'armes, car son pouvoir n'est rien ; ne ne doit aller à plet ne a jugement, comme droit dit, et ainsi le seigneur serait deceu de la recevoir car il aurait poy de conseil et d'aide d'elle. » (Cité par M. Esmein.)

Brussel, *Nouvel examen de l'usage général des fiefs en France*, p. 88 et suivantes.

(3) Brissaud, p. 717.

partir du XII⁰ siècle, la coutume est établie comme il suit : en ligne directe, le droit d'aînesse suffisait à exclure les filles lorsqu'il y avait un fils (1) ; à défaut de fils, les filles étaient préférées aux collatéraux ; en ligne collatérale, les femmes étaient primées par les mâles à degré égal, mais la femme plus proche l'emportait (2).

Hâtons-nous de dire que ces règles n'étaient pas universellement admises : dans certaines contrées, sous l'influence du droit romain, le privilège de masculinité était singulièrement atténué ou n'existait même pas (en Bourgogne, en Franche-Comté, dans le Dauphiné) (3) ; ailleurs, au contraire, les femmes étaient complètement exclues, par exemple en Alsace (4). D'autre part, les actes de concession des fiefs pouvaient contenir des clauses dérogatoires au droit commun : il y avait ainsi des fiefs dits féminins, souvent constitués au profit d'une femme, auxquels les femmes avaient le droit de succéder sans aucun privilège pour les hommes ; il y avait par contre des fiefs dits mas-

----

(1) GUY COQUILLE, *Institution*, p. 113 : « La masculinité est spécialement et directement considérée au droit d'ainesse. » (ESMEIN, 203.)

(2) LOYSEL, 634-635.

Livre de Joslice et de Plet, XII, 6, § 28 : « Uns hom si a sa terre qui mot de fié, et muert sans enfanz... sa terre doit eschéer au plus près... fors en ce, se il i a en eschéete de costé masle et femele iuves li masles prent et la femele non. Et se la femele est plus près que li masle, ele prant avant que li masles. »

(3) *Glasson*, VII, 467.

(4) GŒTZMANN : *Traité du droit commun des fiefs d'Allemagne.*

culins, ou paternels, absolument réservés aux mâles (1).

En tous cas, dans la coutume de Paris (2), dans celle de l'Auvergne (3), du Bourbonnais, de Clermont en Beauvoisis (4), les règles sont celles que nous avons énoncées plus haut. La vassale rendait les services féodaux par représentants (5), et son représentant naturel étant son mari, elle devait le faire agréer au seigneur : le mari rendait la foi et l'hommage comme s'il avait été vassal, et le seigneur ne devait pas être obligé d'accepter un ennemi. Même, dans la Féodalité pure, en Palestine, où le régime féodal s'établit de toutes pièces et fut constitué en vue de la guerre et en pays ennemi, le seigneur offre à sa vassale trois barons entre lesquels elle a à faire son choix (6).

Mais l'obligation du mariage ne tarda pas à disparaître elle-même ; à la fin du XIIIe siècle, les fiefs sont devenus patrimoniaux, ils sont dans le commerce et peuvent être achetés par des roturiers ; le caractère qui domine en eux est celui des biens productifs de revenus (7). Ils n'en

(1) *Encyclopédie méthodique* au mot *Fief*. DU CANGE, *Glossarium*, V° *Feudum*.

(2) *Coutume de Paris* : *Ancienne*, chap. I, art. 8 à 16 ; *Nouvelle*, tit. I, art. 15 à 25.

(3) RIVIÈRE, *Institutions de l'Auvergne*, t. I, p. 398.

(4) *Coutume de Clermont*, art. 81 et 85.

(5) *Livre de Jostice et de Plet*, XII, 7, § 3 : « L'on doit prendre feme à feme ; car elle pot faire par autrui ce qu'elle ne pot faire de soi. » BEAUMANOIR, I, p. 408, II, p. 160.

(6) Assises de Jérusalem. Assises d'Antioche.

(7) ESMEIN, p. 194, note : *Bœrius. Decisic*, 113 (1599), p. 205,

demeureront pas moins jusqu'à la Révolution soumis à des règles successorales particulières (1),
les mêmes que nous avons déjà vues.

Une difficulté peut ici se présenter : les fiefs de
dignité, duchés, comtés et baronnies, étaient-ils
soumis à ces mêmes lois ? Aucun texte, aucun
auteur ne font d'exceptions pour eux ; d'autre
part les exemples abondent, de ces fiefs et même
de pairies possédés par des femmes ; et l'on sait
que bien des réunions à la couronne ont été
accomplies à la suite de mariages (2). « Mathilde
comtesse d'Artois eut séance entre les juges dépu-
tés pour faire le procès criminel à Robert, comte
de Flandres, qui fut condamné à mort ; elle opina
à son rang en la séance des Pairs, le roi séant, au
mois de juin 1315. Pareillement, Jeanne fille de
Raimond, comte de Toulouse, fit la foi-hommage au
roi en 1250 pour le comté-pairie de Toulouse.
Jeanne, fille de Beaudoin, fut reçue à foi en 1210
pour la pairie de Flandres. Après son décès,
Jeanne Marguerite, sa sœur, fut aussi reçue à

*In hoc regno de generali consuetudine feuda sunt reducta ad
instar patrimoniorum quae vendi et atienari ac donari possunt
irrequisito domino ac eo invito ut voluit Johannes Faber...*
(XIV S.) *Petrus Jacobi* (XIV S.)... BEAUMANOIR. — *Livre de
Jostice et de Plet.*

(1) LE BRUN, *Traité des Successions.*
    BRUSSEL, op. cit., p. 88 et suiv.
    GUYOT, *Traité des Fiefs*, p. 336.
(2) Une des premières fut celle de l'Aquitaine réunie en 1137
lors du mariage de la duchesse Aliénor avec Louis le Jeune.
LUCHAIRE, *Premiers Capétiens*, p. 20, note.

foi-hommage et eut voix délibérative comme pair au célèbre jugement des Pairs de France pour le comté de Clermont en Beauvoisis en 1258 (1). » Nous sommes dès lors bien autorisés à dire que les grands fiefs se transmettaient de la même manière et suivant les mêmes règles que les autres, sous la condition, toutefois, que dans l'acte constitutif il n'y eût pas de clause dérogatoire, ou qu'il n'existât pas dans la famille des usages particuliers.

Nous en avons ainsi fini avec l'exposé des règles relatives à la dévolution des fiefs et des apanages; conformément au plan que nous avons adopté, voyons maintenant s'il y avait lieu de les appliquer dans l'espèce que nous étudions, à savoir le procès intenté par Louise de Savoie au connétable de Bourbon.

Les apanages litigieux étaient le comté de Clermont en Beauvoisis et le duché d'Auvergne. Le premier, concédé à Robert de France et à ses hoirs, pouvait, d'après ce que nous avons dit plus haut, « tomber en quenouille ». Le second, attribué en 1360 à Jean, duc de Berry, était d'après le droit contemporain de sa constitution réservé aux mâles; cependant, en 1400, Jean de Berry le donna en dot à sa fille Marie qui épousait Jean Ier de Bourbon. A la mort du duc de Berry, en 1416 (2),

(1) GUYOT, *Traité des Fies.*
(2) *Extrait du Plaidoyer de Lizet, avocat du roi,* rapporté par LAVAL, p. 178 et 179.

les officiers du roi se saisirent de l'Auvergne ;
mais deux ans après, à la faveur des guerres
civiles, sur l'ordre du duc de Bourgogne, et malgré l'opposition du Parlement et de la cour des
comptes, ils la restituèrent à Marie, qui la trans-
mit à ses héritiers. Il y avait là une violation
flagrante de la règle de l'inaliénabilité du domaine;
or cette règle était un principe fondamental de
notre ancien droit public. C'était une loi du
royaume, c'est-à-dire une loi qu'un roi pouvait
peut-être violer, mais qu'il ne pouvait pas abroger.
La volonté de Charles VI, ou plutôt du régent, et
dans la suite l'inaction de ses successeurs, n'a-
vaient pu valider la donation de 1400 ; malgré les
années écoulées, les droits de François Ier étaient
intacts, l'imprescriptibilité des biens de la couronne étant un corollaire de leur inaliénabilité.
C'est en vain que l'avocat Montholon prétendait
que le contrat de mariage de 1400 était à l'avantage de la couronne, « parce que le duché de
Bourbonnais qui n'était apanage, par ledit traité
en prit la nature (2) ». La règle de l'inaliénabilité
— l'ordonnance de 1566 le proclamera quelques
années plus tard — ne souffrait que deux exceptions : la constitution d'apanages au profit des
mâles, et les engagements ; on en ajoutait quel-
quefois une troisième, les échanges. Mais il fallait
évidemment égalité entre les deux choses échan-
gées : or, ici il n'y a manifestement pas égalité

(2) LAVAL, p. 174.

entre la perte immédiate d'un grand fief et un droit éventuel et incertain à acquérir un autre domaine.

Donc, d'après leur origine, les deux apanages, Clermont et Auvergne, auraient dû revenir le premier à Louise de Savoie, et l'autre au roi.

En ce qui concerne les fiefs, les plus importants étaient venus à la famille de Bourbon par des mariages (1); d'autres avaient été acquis à titre onéreux (2); quelques-uns enfin avaient été donnés par Louis XI à sa fille Anne de Beaujeu, et méritent une étude particulière. C'étaient, ces derniers, les comtés de la Marche et de Montaigut ; ils provenaient des dépouilles du duc de Nemours. Ce prince s'étant révolté deux fois fut condamné à mort et ses bien confisqués, en vertu de l'ancien droit de commise accordé au seigneur au cas de félonie du vassal; mais comme à cette époque le roi n'est plus un simple suzerain, qu'il est le souverain, le crime de félonie est devenu celui de lèse-majesté, et la commise sous le nom de confiscation s'étend non seulement aux biens féodaux, mais encore à tous les autres. Malgré cette transformation, les fiefs de la Marche et de Montaigut devaient tomber dans le domaine public. Ce domaine, en effet, comprenait tout ce

(1) Le Bourbonnais, dot de Béatrix, épouse de Robert, premier duc de Bourbon.

Le Forez, dot d'Anne, épouse de Louis II.

(2) Carlat et Murat, achetés en 1489 à la famille d'Armagnac par Pierre II et Anne de Beaujeu.

qui constituait la vieille France; c'était l'ensemble de tous les territoires relevant de la couronne dès l'origine, c'est-à-dire tous les fiefs de la couronne. Or, nous avons déjà posé le principe de l'inaliénabilité et de l'imprescriptibilité du domaine, et nous ne pouvons qu'approuver les réquisitions du procureur général Lizet, et l'arrêt du Parlement qui prononça de *plano* la réunion à la couronne des comtés en question.

Quant aux autres fiefs, venus par femmes ou acquis à prix d'argent, ils n'étaient évidemment pas exclusivement masculins et, en vertu des principes généraux déjà posés, ils devaient revenir à Louise de Savoie.

Mais la duchesse n'était-elle pas exclue par les nombreux contrats dont nous avons parlé plus haut : le contrat de mariage de 1400, le testament de Louis II en 1408, le contrat de mariage de Pierre de Beaujeu et Anne de France, celui du connétable de Bourbon, la donation et le testament de Suzanne ?

C'est ici véritablement le nœud du procès, nœud fort compliqué, qu'il nous serait très difficile, pour ne pas dire impossible, de débrouiller. Comment le pourrions-nous, puisque les légistes du xvie siècle, possédant les titres originaux, n'y arrivaient pas; la preuve en est dans les transactions qui intervinrent toutes les fois que la question se présenta, mais sans jamais la trancher ni mettre fin au litige; la preuve en est surtout dans la dernière transaction avant le procès de 1522, le mariage du connétable avec sa cousine, qui était laide, bossue, infirme, ne pouvait lui donner d'enfants, et qui de plus était fiancée au duc d'Alençon. La même impression ressort de l'étude des plaidoyers des avocats : à mesure que l'un produit un titre, l'autre y trouve des nullités radicales, ou bien rapporte un autre titre contraire. Nous ne pouvons ici que donner le sens général de leurs argumentations, en y supprimant ce qui est par trop manifestement contraire à la bonne foi. Montholon échafaudait ses prétentions sur les actes que nous venons de rappeler, contrats de mariage de Jean I, de Pierre de Beaujeu, du connétable, testaments de Louis II et de Suzanne. Au contrat de 1400 et au testament de 1408, Poyet opposa des nullités, puis les renonciations de la branche de Montpensier (1). Les nullités étaient fondées, d'abord sur l'inobservation des formalités requises. En effet, en établissant une substitution de « *primogenito in primogenitum* », Louis II établissait un changement à la loi de succession, portant ainsi un préjudice éventuel à la branche cadette de Vendôme ; il eût dû auparavant consulter cette branche (2). Un autre cas de nullité résultait de la violation de la règle « Donner et retenir ne

---

(1) Plaidoyer de Poyet, inséré dans Corbin. *Traité des droits de patronage, honorifiques et autres.*

(2) *Poyet,* d'après Corbin.

vaut » ; après avoir constitué le Bourbonnais et
les autres fiefs que nous avons nommé plus haut,
en dot à son fils « en jouit ledit duc Louis,
donateur jusqu'à son décès, après lequel ledit
Jean prit possession desdites choses comme héritier universel, et *non in vim* de ladite donation (1) ». Quant aux renonciations de la branche
de Montpensier, il y en eut trois successives : les
3 février 1442, 25 janvier 1473, 12 septembre
1474; nous en avons déjà parlé.

Au contrat de mariage de Pierre II de Beaujeu, Poyet opposa les renonciations de Louis XII,
intervenues en 1498, enregistrées au Parlement,
sauf en ce qui concernait l'Auvergne, conformément au principe de l'inaliénabilité du domaine.

Le contrat de mariage du connétable était
nul par suite de certains vices de formes : « Suzanne était mineure lors de son mariage, et deux
membres seulement de la maison de Bourbon
avaient traité à l'insu des six autres d'une
affaire qui les intéressait tous (2). »

Enfin le testament de Suzanne était contraire
à la coutume du Bourbonnais, qui défendait les
donations entre époux et ne permettait de disposer que du quart de ses biens; d'ailleurs la testa-
trice ayant négligé de deshériter sa mère en
termes exprès, il y avait encore là une cause
de nullité.

(1) Corbin.
(2) Porée p. 12.

« Le plaidoyer de Poyet répondait à tous les
arguments de Montholon, de plus il avait
l'avantage de défendre les intérêts de la mère du
roi et ceux même de la royauté, car la victoire
de Louise assurait dans un bref délai de vastes
domaines à la couronne : le Bourbonnais, la
moitié de l'Auvergne, la Marche, le Beaujolais,
le Forez, la Dombe, Clermont en Beauvoisis, dont
l'ensemble constituait en somme le dernier des
grands fiefs (1). »

Le Parlement, hésitant dans cette cause si
compliquée, traînait en longueur et ne pouvait
se décider. En août 1523 il rendit un arrêt
prononçant par provision la mise sous séquestre
des biens litigieux, c'était reconnaître qu'aucune
des parties n'avait un droit plus apparent que
l'autre. Cet arrêt désespéra le connétable et
détermina sa trahison; tous ses biens furent
confisqués, et une transaction — toujours — de
1524, entre François Ier et sa mère Louise de
Savoie, termina définitivement le procès, dispen-
sant ainsi le Parlement de résoudre une question qui l'embarrassait fort.

De cette étude se dégage, à notre avis, cette
conclusion que la thèse de Poyet était, en droit,
aussi soutenable que celle de ses adversaires ;
qu'au point de vue politique, elle était certainement plus favorable ; mais qu'en équité, elle
n'était peut-être pas aussi bonne. Le futur chan-

(1) Porée, p. 12.

celier fit preuve dans cette affaire de beaucoup
d'habileté, d'une grande érudition, d'un zèle
ardent pour l'intérêt de sa cliente et même de la
royauté et, il faut bien l'avouer, d'une certaine
élasticité de conscience. Ces qualités le mirent en
relief et lui valurent bientôt le titre d'avocat
du roi.

CHAPITRE II

Le Chancelier Poyet et la Justice

L'un des premiers actes législatifs du chancelier Poyet fut l'ordonnance de Villers-Cotterets sur la procédure criminelle (1) : c'est aussi l'un des actes que la postérité lui reprocha le plus. Dumoulin, l'un des premiers, s'écriait dans ses *Notes sur l'Edit :* « Vide tyrannicam opinionem illius impii Poyeti... Vide duritiem iniquissimam per quam etiam defensio aufertur... (2) ». « Cette loi, écrivait de nos jours M. Gaudry dans son *Histoire du Barreau,* mérite l'indignation des gens de bien... c'est l'une des hontes du règne de François Ier. Elle fut l'ouvrage du chancelier Poyet. » Enfin, pour ne pas nous étendre davantage, M. Porée (1), dans son étude toute récente que nous avons déja citée, flétrit les « déplorables mesures relatives à la procédure criminelle, dont la mémoire de Poyet porte la lourde responsabilité... » et les apprécie ainsi : « C'était suppri-

(1) « Édit du mois d'août 1539 sur le fait de la justice. » Isambert, XII, n° 188. Cette ordonnance, comme toutes celles de l'époque, renfermait des dispositions relatives à des matières fort diverses, mais dont un grand nombre cependant se rapportaient à l'instruction criminelle.

(2) Molinaei, *Opera,* II, p. 792.

(3) P. 86.

mer les principales garanties de la liberté et de la vie humaines... c'était revenir aux plus odieux procédés de l'Inquisition. »

Que faut-il penser de ces accusations ? Pour en juger, il nous suffira de rapprocher les dispositions de l'ordonnance de Villers-Cotterets de celles des ordonnances antérieures. Dans une première partie, nous esquisserons le tableau de la procédure criminelle d'après l'édit de 1539 et nous en ferons ressortir les vices et les avantages. Dans une deuxième partie, nous exposerons rapidement la législation antérieure. Une simple comparaison nous permettra de conclure.

D'après l'ordonnance de 1539, un procès se divise en deux périodes fort inégales : l'instruction et le jugement. « La première, démesurément enflée, comprend toute la recherche des preuves que va fixer l'écriture, et elle est aux mains d'un seul juge ; c'est le « juge criminel » comme diront les textes, parlant toujours au singulier, c'est-à-dire le lieutenant criminel ou le juge seigneurial. Ce n'est que lorsque tout est prêt, que l'accusé comparaît devant le siège entier, s'il y en a un ; et ce tribunal n'a pour s'éclairer que la procédure écrite et le dernier interrogatoire de l'accusé. Tout est écrit ; et tout est secret : l'instruction et le jugement ; ce dernier, le plus souvent, n'est appuyé sur aucun motif (1). »

<hr>

(1) Esmein : *Histoire de la Procédure criminelle en France,* p. 140.

Exposons maintenant la suite entière d'un procès. Si le juge apprend par la plainte de la partie lésée, ou par toute autre manière, qu'un fait délictueux a été commis, il doit procéder ou faire procéder à l'information (art. 145). Ces mots « faire procéder » sanctionnent un abus qui s'était depuis longtemps introduit dans la pratique : l'habitude de confier à des subalternes, comme un simple sergent, le soin de procéder à l'audition des témoins. Cette audition se faisait secrètement : l'enquêteur rédigeait par écrit les dépositions et les communiquait au procureur du roi, qui donnait ses conclusions. « Vues ces conclusions, le juge décernera telle provision de justice qu'il verra être à faire selon l'exigence du cas » (art. 145); il décernait, soit un décret d'ajournement personnel, soit un décret de prise de corps, ce dernier constituant le prévenu en état de détention préventive (art. 146). Le prévenu devait alors incontinent être interrogé ; il devait répondre sans être assisté d'un conseil et sans avoir eu connaissance de l'information ; une coutume déjà vieille l'obligeait à prêter serment de dire la vérité. Cette rigoureuse disposition, et toutes celles qui vont suivre, sont fondées sur une idée juste en théorie. Le magistrat, pensait-on, n'a intérêt qu'à la manifestation de la vérité, il n'est pas l'adversaire du prévenu et doit veiller autant aux intérêts de l'innocence qu'à ceux de la société. L'inculpé, au contraire, est intéressé s'il est coupable à se tirer d'affaire par tous les moyens possibles ; la partie n'est pas égale, et l'on tend tout naturellement à diminuer les garanties de la défense. Sans doute l'expérience n'a pas justifié cette manière de voir et nous a montré que le juge peut être passionné ou peu clair-voyant, mais au xvie siècle, l'expérience n'était pas faite.

Si l'interrogatoire, ou plutôt les interrogatoires (art. 146) ont amené les aveux de l'accusé; si « la qualité de la matière est telle qu'on puisse prendre droit par iceux » ; si enfin le procureur du roi et la partie civile le veulent, ceux-ci déposeront leurs conclusions, et l'on passera au jugement (art. 147).

Mais ces aveux ne sont pas toujours suffisants (art. 147). Notre procédure criminelle est en effet au xvie siècle régie par la théorie des preuves légales. Le magistrat ne statue pas comme aujourd'hui suivant sa conscience et sa convic-tion: la preuve de la culpabilité ne peut résulter que de certains faits limitativement désignés par la loi ou la coutume ; mais d'autre part, lorsque ces faits se rencontrent, la preuve en résulte for-cément, en quelque sorte mécaniquement. Les anciens auteurs distinguaient quatre sortes de preuves : la preuve testimoniale, la preuve ins-trumentale, la preuve vocale et la preuve conjec-turale. Il y avait des règles pour l'admission de ces preuves, règles différentes suivant la nature et la gravité de l'infraction ; disons seulement en passant que les témoignages se comptaient au lieu de se peser, que l'accord de deux ou plusieurs dépositions emportait preuve irréfragable ; et qu'enfin en matière de grand criminel la preuve résultant contre un accusé des aveux qui lui étaient échappés ne suffisait pas pour le convaincre si d'ailleurs elle n'était confirmée par la preuve testimoniale ou instrumentale ; *non auditur perire volens.*

Si la matière est « de si petite importance » (art. 150), il y a lieu à la procédure ordinaire : l'accusé n'est pas enfermé, et chaque partie est admise à fournir ses preuves, absolument comme dans une affaire civile. Mais, par une singulière anomalie, la procédure ordinaire est devenue l'exception et n'est plus admise que dans les cas très peu graves ; la plupart du temps, on procède à l'extraordinaire, par récolement et confrontation des témoins. C'est le juge qui statue librement sur le choix de l'une ou l'autre procédure : l'article 162 spécifie que la décision doit être prise sans que l'accusé ait été admis à présenter ses conclusions et ses explications à ce sujet.

Le récolement consistait à faire répéter aux témoins leurs dépositions que le juge bien souvent ne connaissait que par la rédaction de l'enquêteur. Les témoins étaient libres de varier impunément leurs dépositions, ce qu'ils disaient en dernier avait pleine valeur : conséquence naturelle du principe que les témoignages se comptent, ne se pèsent pas.

On passait alors à la confrontation. Chaque témoin était séparément et secrètement mis en présence de l'accusé toujours incarcéré (art. 152) ; ils prêtaient serment tous deux, puis le juge demandait « s'ils se connaissaient bien, et si le défendeur est celui duquel le témoing parle par sa déposition et récolement ». C'est alors, et avant de connaître la déposition, que l'accusé doit reprocher le témoin, s'il veut le faire ; après, « il n'y sera plus reçu, dont il sera bien expressément averti par le juge » (art. 154).

Si le témoin n'avait pas été reproché, on lisait sa déposition qui devenait inattaquable ; l'accusé ne pouvait que proposer des faits justificatifs. C'était logique dans le système des preuves légales. En effet, la non-culpabilité étant un fait négatif n'est pas susceptible d'une preuve directe. D'autre part, si le procès établissait par les preuves voulues que le crime avait réellement été commis, et que l'accusé en était l'auteur, celui-ci était définitivement convaincu, à moins de prouver ou un fait absolument incompatible avec les faits établis au procès, par exemple l'alibi, l'existence de la personne qu'on croyait morte ou d'une sentence antérieure condamnant l'auteur véritable du crime, — ou bien un autre fait enlevant à l'acte toute criminalité : par exemple la légitime défense, la folie chez l'agent au moment de l'action. Ces deux ordres de faits étaient appelés les faits justificatifs. L'inculpé devait les alléguer de suite et donner sur le champ les moyens par lesquels il entendait les prouver, par exemple nommer ses témoins (art. 157). Le juge autorisait la preuve des faits qui lui semblaient péremptoires et recevables et procédait ou faisait procéder à l'audition des témoins cités (art. 159).

Puis on entendait les conclusions du ministère public.

Ces conclusions pouvaient tendre à l'application d'une peine ou simplement à l'application de la question préparatoire. Dans ce cas, l'art. 163 veut qu'elle soit subie « incontinent » si le prisonnier « n'est appelant ». L'ordonnance est muette sur la manière dont la torture devait âtre donnée ; la pratique avait imaginé de nombreux et cruels tourments. Et lorsque la souffrance n'amenait pas les aveux de l'inculpé, la jurisprudence admettait que la question fût appliquée plusieurs fois : cette habitude nous semble en violation de l'art. 164 de l'ordonnance : « Et si par la question ou torture l'on ne peut rien gagner à l'encontre de l'accusé, tellement qu'il n'y ait matière de le condamner, nous voulons lui être fait droit sur son absolution pour le regard de la partie civile et sur la réparation de la calomnieuse accusation. »

Avec l'application de la question, l'instruction était terminée : il ne restait plus qu'à porter l'affaire devant le siège entier. Celui-ci n'a pour s'éclairer que la procédure écrite et le dernier interrogatoire de l'accusé ; les juges n'ont pas d'ailleurs à se faire une intime conviction, ils n'ont qu'à examiner si la preuve de la culpabilité est bien administrée ; leur rôle est donc très restreint. L'accusé d'autre part n'est à aucun moment assisté d'un conseil : l'art. 162 prohibe absolument cette assistance et proscrit toute plaidoirie.

Le jugement est alors rendu ; l'ordonnance est muette sur ce sujet et ne spécifie pas comment la sentence doit être délibérée, ni si elle doit être rendue publiquement. L'usage s'était établi dans les tribunaux de supprimer la publicité des arrêts.

Telle est la procédure criminelle d'après l'édit de Villers-Cotterets. Elle constitue un tout fort logique, étant donné comme point de départ les principes admis de la haute impartialité et de l'infaillibilité du juge, et le système des preuves légales. Mais elle était en même temps fort cruelle, et dans la pratique a donné de très mauvais résultats ; l'innocence n'avait aucune garantie. Les arrestations arbitraires, le secret de la procédure, la suppression des avocats, la nécessité de reprocher les témoins avant de connaître leurs dépositions, la doctrine des faits justificatifs et enfin la torture ont multiplié les erreurs judiciaires.

Nous comprenons donc et nous partageons l'indignation des historiens et des jurisconsultes d'aujourd'hui. Mais pour bien juger l'auteur ou les auteurs de cette procédure — et nous verrons tout à l'heure quelle part de responsabilité revient au chancelier Poyet — il nous faut reporter au temps où elle était employée. Or, au début du XVIe siècle, le peuple sortant de l'anarchie du moyen age et des grandes guerres contre les Anglais, à la faveur desquelles le brigandage avait pris un développement incroyable, le peuple sentait avant tout le besoin de sécurité et de paix. Le système de l'ordonnance de 1539 était un grand progrès sur l'antique système accusatoire. Celui-ci en effet assurait aux forts et aux puissants l'impunité : le pouvoir central n'intervenant pas, personne n'osait entreprendre contre eux un procès que les duels judiciaires et le droit de fausser les témoins rendaient fort périlleux. Ajoutons que la nation éprouvait fortement alors le sentiment de l'infaillibilité que la royauté de droit divin communiquait à ses agents, et sur lequel reposait la procédure secrète et inquisitoire. Aussi l'ordonnance de Villers-Cotterets fut-elle presque populaire, et l'avocat général Séguier pouvait, en 1786, s'écrier devant le Parlement de Paris : « Une observation qui ne doit pas nous échapper se fait jour au milieu des grandes ordonnances du royaume. L'ordonnance de Villers-Cotterets est de 1539, l'ordonnance d'Orléans de 1560, l'ordonnance de Moulins de 1566, et l'ordonnance de Blois de 1579. Elles sont toutes du même siècle ; elles ont toutes pour objet la réformation de la justice. Les trois dernières ont été rendues sur les plaintes, doléances et remontrances des trois États du royaume... et dans toutes ces lois solennelles où la nation demandait pour ainsi dire justice à son souverain, on ne trouve aucune réclamation contre la forme de procédure ni contre la barbarie de l'ordonnance de François Ier. »

Mais le consentement de tous ne suffit pas à rendre juste une loi, et ce serait peu faire, pour la mémoire de Poyet, de dire qu'il a servi dans son édit les désirs de ses contemporains ; les grands hommes doivent diriger l'opinion et non la suivre. Pour laver le chancelier des accusations portées contre lui, il nous faudra montrer que son ordonnance est à tort appelée la Guillelmine (1) — de son prénom Guillaume — qu'elle n'a rien innové, mais seulement codifié le droit commun, et même que ses dispositions les moins libérales sont reproduites d'ordonnances antérieures. Il n'en aurait guère pu être autrement à cette époque où le pouvoir législatif du roi, quoique bien établi dans son principe, est encore bien faible en réalité : nous n'en voulons comme preuve que la répétition constante des mêmes prescriptions dans les si nombreuses ordonnances du xvie siècle ; quel besoin auraient eu les rois de se répéter s'ils avaient été obéis ? Le Parlement aurait certainement opposé de la résistance à Poyet si celui-ci avait voulu introduire une procédure nouvelle, bien plus

(1) Le Laboureur, *Mémoires de Castelnau*, t. II, p. 619.

rigoureuse que l'ancienne : or, l'ordonnance rédigée en août était déjà enregistrée au Parlement de Paris le 6 septembre (1).

Pour bien prouver que l'ordonnance de Villers-Cotterets n'a rien innové, voyons l'état antérieur de la législation. Nous ne trouvons d'ordonnance générale sur la matière qu'à la date de mars 1499 : c'est l'ordonnance de Blois, rendue « en conséquence d'une assemblée de notables à Blois, sur la réformation de la justice et l'utilité générale du royaume (2) ». Mais par contre, nous avons deux ordonnances spéciales à la Provence et à la Bretagne : celle d'Is-sur-Tille (octobre 1535) et celle de Valence (août 1536) (3). Cette dernière est l'œuvre du chancelier Dubourg. Après la réunion de la Bretagne à la France, en 1532, on sentit la nécessité d'étendre à cette province les principes de droit public reçus dans le royaume : l'édit de 1536 est donc la constatation du droit commun de la France trois ans avant l'arrivée de Poyet à la chancellerie.

L'ordonnance de 1498, dans la partie qui nous intéresse, établit nettement la distinction entre la procédure ordinaire et la procédure extraordinaire et indique les deux traits qui caractérisent cette dernière, le secret et l'emploi de la torture. Le procès débute par une information toujours se-

(1) ISAMBERT, t. XII, p. 600.
(2) *Ordonnances du Louvre*, XXI, p. 177.
(3) ISAMBERT, 12, n⁰ˢ 222 et 255.

crète (art. 107), qui aboutit à un décret de prise de corps ou d'ajournement à comparaître. L'inculpé est interrogé secrètement et sans avoir connaissance des faits qui lui sont reprochés ; après communication au procureur du roi, qui prend ses conclusions, le juge fait choix de l'une ou l'autre procédure. L'ordonnance lui laisse toute latitude ; peut-être, cependant, de l'art. 110 « quant aux prisonniers ou autres accusés de crime, aux quels faudra faire procès criminel... », peut-on conclure que la voie extraordinaire devait être suivie pour tous les crimes — au sens large du mot, et non au sens légal qu'il a aujourd'hui.

La procédure extraordinaire se faisait par récolement et confrontation de témoins « le plus secrètement que faire se pourra » ; des art. 118 et 119 nous concluons *a contrario* qu'il n'y avait ni mise en liberté sous caution, ni plaidoirie. La torture (art. 112) pouvait être donnée, mais non réitérée « sans nouveaux indices » (art. 114). Le jugement devait être prononcé publiquement.

Si nous ne trouvons pas encore ici toutes les dispositions de l'ordonnance de 1539, aucune ne manquera dans l'édit de 1536.

Nous n'avons plus qu'à citer textuellement :

Art. 10. Quand le juge aura décrété.... la prise de corps ou l'ajournement personnel, seront les délinquants... diligemment interrogés sur ces dites charges et informations, sans être ouïs par avocats, procureur, solliciteur, ni avoir autre aide que d'eux-mêmes.

Art. 11. Quant aux prisonniers enfermés qui sont chargés de crimes capitaux et publics, ou autres tellement qualifiés qu'ils sont sujets à prison fermée (1), « ils ne se défendront jamais par ministère d'avocat ne autre conseil ; et défendons à tous avocats... de leur parler, leur bailler mémoires ni instructions » ; quant aux ajournés à comparaître, ils n'auront d'avocat que si d'après leurs interrogatoires « la matière n'est trouvée disposée à procéder par extraordinaire ».

Art. 14. Et ne prendront les juges la voie ordinaire sinon es petits délits et excès qui ne seront qualifiés ni sujets à punition exemplaire.

Art. 16. Lors des confrontations « ne seront jamais les accusés reçus à bailler aucunes choses par écrit,... mais seront tenus les alléguer par leur bouche, à savoir les faits de reproches... auparavant la lecture de la déposition desdits témoins ».

Art. 17. Et « sera pris serment du prisonnier » qui sera tenu d'alléguer ses reproches « promptement et sans lui donner aucun terme et délai pour ce faire ».

Art. 19. A propos des faits justificatifs, « ils seront extraits et montrés au prisonnier pour

(1) Étant donné l'extrême rigueur des peines de l'ancien droit, rentrent dans les termes de cet article tous les délits que nous avons tout à l'heure appelés crimes, et qui donnaient ouverture à la procédure extraordinaire.

nommer les témoins par lesquels entend en informer, qu'il sera tenu de faire promptement et sans lui bailler aucun délai pour ce faire ».

Voilà bien toutes les prétendues innovations de Poyet ; elles ne lui sont en rien imputables, et sa mémoire doit en être absolument réhabilitée. Inscrivons au contraire à l'actif du chancelier l'introduction, dans cette même ordonnance de Villers-Cotterets, d'autres dispositions fort remarquables à divers points de vue, et qui furent bien son œuvre personnelle. Signalons-en rapidement quelques-unes. Les articles 1, 2, 3, fixent les limites de la juridiction ecclésiastique, qu'ils restreignent aux actions contre les clercs et aux matières purement spirituelles contre les laïques. Les articles 50, 51, 52, 53 ordonnent la tenue dans les paroisses, chapitres et couvents, de registres d'état-civil, registres qui devront tous les ans être déposés au greffe du bailliage (1). L'article 111 enfin mit un terme à un abus fort ancien, source de bien des difficultés et de bien des procès, en ordonnant de ne se servir que du « langage maternel français » dans la rédaction de tous les actes authentiques et judiciaires.

(1) Pour comprendre l'importance de cette innovation, il faut se rappeler qu'il n'existait jusqu'à cette époque aucun moyen commode et direct de prouver les dates des naissances et autres actes importants. Ainsi, quelque temps auparavant, un nommé Basset, pour prouver son âge en vue d'une éligibilité, était obligé de prouver que sa mère était décédée depuis vingt-huit ans et que, deux ans après, son père avait fait le partage des biens de la défunte. — *Porée*, p. 85, note.

Mais quelle que soit l'importance de l'ordonnance de Villers-Cotterets, elle ne contient pas
toute l'œuvre de Poyet en ce qui concerne la justice. Ce chancelier, en effet, s'efforça de remédier
aux graves abus qui s'étaient introduits dans
cette branche de l'administration : il essaya de
renfermer les Parlements dans leurs attributions
judiciaires et de leur retirer le rôle politique auquel ces cours prétendaient ; d'améliorer le personnel des divers tribunaux ; enfin d'obvier aux
inconvénients de toutes sortes résultant pour les
justiciables des campagnes, de l'éloignement des
juridictions souveraines.

Les Parlements étaient, dans notre ancienne
France, chargés d'enregistrer les ordonnances ;
l'enregistrement valait publication et rendait les
lois obligatoires. Mais, au lieu de se borner à
transcrire purement et simplement les volontés
royales, ces cours s'arrogèrent le droit de les con-
trôler, de faire au souverain des remontrances,
et même de refuser l'enregistrement. L'origine
des Parlements était la base de ces prétentions :
ils n'étaient primitivement qu'une section du
conseil du roi, dans lequel étaient discutées toutes
les mesures à prendre par la royauté, notamment
les ordonnances. Comme faisant partie du conseil,
il fut permis à la section judiciaire, qui n'avait
pas pris part aux délibérations, de présenter
ses observations avant d'enregistrer l'acte royal,
le roi se réservant d'ailleurs le droit d'y avoir tel

égard que de raison. Après la séparation complète
du Parlement et du conseil, les magistrats voulurent conserver cette prérogative ; ils essayèrent
même de l'étendre, en se présentant, mais à tort,
comme les successeurs des anciennes assemblées
des hommes libres, à défaut des États généraux,
quand ceux-ci n'étaient pas convoqués, se consi-
dérant comme investis en cette qualité d'un droit
de tutelle sur la royauté, avec mission de la
protéger au besoin contre ses propres entraîne-
ments (1).

Ces prétentions se heurtèrent toujours à la résistance des rois, qui furent en lutte continuelle
à ce sujet avec leurs Parlements ; cette lutte eut
des phases fort diverses, les adversaires ayant
successivement l'avantage. Pendant la période de
la monarchie dite tempérée, aux xive et xve siècles,
les Parlements l'emportèrent généralement, et
Louis XI lui-même dut reconnaître, en 1482, leur
droit de vérification. Il n'en fut plus de même avec
François Ier et ses chanceliers autoritaires Duprat
et Poyet. Nous allons assister à un conflit entre
ce dernier et la cour de Rouen, qui se terminera
par le triomphe de la doctrine absolutiste.

Le fameux édit de Villers-Cotterets, sur le fait
de la justice, qui avait été accueilli si facilement
à Paris, rencontra chez les magistrats de Rouen

---

(1) Le droit de remontrance, disait un ancien auteur, est
« le principal retenail de toute notre monarchie ». BERNARD DE
LA ROCHE-FLAVIN : *Treize livres des Parlements de France*, p. 920.

une fort vive opposition. Ceux-ci présentèrent des remontrances au roi sitôt la réception de l'édit (1) dont ils différèrent l'enregistrement. Nous regrettons de n'avoir pu découvrir quelles étaient les dispositions de l'ordonnance qui leur déplaisaient ainsi, et si c'étaient les prétendues innovations dont nous avons parlé plus haut. Huit mois après, nouvelles remontrances (2), qui lassent la patience de Poyet ; le chancelier donne l'ordre formel de passer outre à l'enregistrement. Le Parlement n'osa pas résister ouvertement et fit semblant de se soumettre : il enregistra l'édit, mais en le modifiant profondément par la suppression de quinze ou seize articles ; on eut soin toutefois, dans le procès-verbal qui fut envoyé à Paris, de passer sous silence ces modifications (3). Poyet n'apprit cette circonstance que trois mois plus tard, lors d'un voyage qu'il dut faire en Normandie pour réprimer de graves abus dont s'était rendu coupable le même Parlement ; l'ordonnance de Villers-Cotterets fut alors enregistrée intégralement, le 26 août 1540 (4). Le chancelier ne se contenta pas de cette soumission tardive : il vint en séance solennelle admonester les magistrats, et leur exposa sa théorie en la matière : « Anciennement, leur dit-il, les ordonnances n'étaient publiées ès-cours souveraines, mais y étaient seule-

(1) Floquet. *Histoire du Parlement de Normandie*, t. I, p. 525.
(2) Floquet, I, p. 525.
(3) Floquet, I, p. 525.
(4) Floquet, II, p. 5.

ment envoyées ; après qu'elles y avaient été présentées, elles s'y gardaient et debvaient s'y observer inviolablement. Le roy ne demande conseil si elles sont à observer ou non ; mais il faut passer oultre quand le prince les a décrétées ; il n'appartient à aulcuns d'icelles interpréter ne y adjouster ou dyminuer (1). » Quelques jours après, des lettres patentes du 10 septembre 1540 reprenaient la même théorie, mais sous une forme un peu adoucie : « Nous ordonnons que ceux qui, par cy après, tiendront notre court de Parlement, seront tenus garder et entretenir de point en point selon leur forme et teneur toutes et chacunes les ordonnances faites sur le fait de l'administration de la justice, en tous et chacuns leurs poiuts et articles..... Bien pourront toutes fois, les gens qui tiendront notre Parlement, ensemble ceux des Estatz se retirer par-devers nous, si bon leur semble, pour nous faire remontrances, si aulcunes en ont, pour y être par nous pourveu ainsy qu'il appartiendra (2). » Le Parlement de Normandie ayant alors été momentanément supprimé, lorsque l'année suivante le chancelier le rétablit, il lui fit défense « d'admettre à l'avenir le procureur des États de Normandie à contre-dire, débattre et aucune chose déduire et alléguer contre la vérification des édits (3) ». Cette défense fut observée,

(1) Floquet, II, p. 9.
(2) Floquet, II, p. 15.
(3) Floquet, II, p. 46.

car après la publication de l'ordonnance de Fontainebleau (décembre 1540) sur la réformation de la justice en Normandie, le procureur général, qui aurait bien voulu « requérir modifications à plusieurs articles d'icelles », n'osa pas le faire : « Par les lettres patentes, dit-il, de la clôture et ouverture faite de ce palais, n'est donné lieu de modifier par les cours souveraines les édits et ordonnances du roy ; il est permis seulement d'advertir des difficultez que l'on y pourrait faire. Dans ceste hésitation je ne veulx quant à présent aulcune chose dire, ains consens et requiers la lecture et publication de l'ordonnance (1). »

C'est donc bien la soumission complète du Parlement ; mais il est possible que les magistrats de Rouen, s'étant par leurs désordres attiré la colère et les sévérités du roi, n'aient pas osé résister comme ils auraient pu le faire en d'autres circonstances. Et, d'ailleurs, Poyet lui-même n'émit pas toujours des théories aussi autoritaires : c'est ainsi que, par une ordonnance rendue en août 1539, à Villers-Cotterets (2), il déclara rapporter un édit antérieur, donnant entre autres raisons celle de l'absence d'enregistrement : «... et aussi nosdites lettres dudict édict ne furent oncques publiées en notre court de Parlement à Paris ».

Nous venons de parler de désordres dont s'étaient rendus coupables les magistrats de Rouen ; voyons

(1) Floquet, II, p. 59.
(2) Isambert, XII, n° 287.

très rapidement en quoi ils consistaient : nous avons, pour nous édifier, d'une part, les *Mercuriales* du premier président de Marcillac et, d'autre part, l'édit sur l'administration de la justice en Normandie (1). D'après ces documents, un certain nombre de conseillers de cette ville donnaient prise aux plus graves critiques par leur conduite privée; ils se livraient à la débauche, fréquentant les tripots et mauvais lieux (2), se faisant remarquer par le débraillé de leur tenue, se provoquant en duels et commettant même des crimes (3). Mais c'est surtout dans l'exercice de leurs fonctions qu'ils méritaient les plus grands reproches : ils trafiquaient de la justice et se laissaient séduire par les recommandations de leurs amis (4), les sollicitations des femmes (5), l'appât du gain et de présents (6). Chose bien plus grave encore, la compagnie entière se laissait aller à des excès incroyables : cassant les arrêts du grand conseil (7), antidatant ses propres arrêts, rendant à propos d'une même affaire deux décisions suc-

(1) ISAMBERT, XII, n⁰ 319.

(2) FLOQUET, I, p. 512.

(3) FLOQUET, I, p. 513.

(4) FLOQUET, I, p. 507.

(5) FLOQUET, I, p. 519 : « Jusque-là, dit Marcillac, jusque-là même que sy des femmes playdant en la court n'avaient la beauté corporelle, elles étaient conseillées avoir belles filles et chambrières avec elles, pour aller aux sollicitations de leurs procès par les maisons des conseillers. »

(6) FLOQUET, I, p. 515. « La plus grande vertu, disait Marcillac, que puisse avoir un juge, c'est de s'abstenir de rapacité et d'avarice et avoir les mains nettes. »

(7) FLOQUET, I. p. 530.

cessives et contradictoires (1). On comprend aisément que le chancelier Poyet ait entrepris le voyage de Rouen pour venir réprimer tous ces abus et qu'il ait sévi contre les coupables : le Parlement entier fut dispersé (2), et quand il fut rétabli, un an plus tard, neuf de ses membres les plus corrompus en restèrent exclus (3).

Si de tels scandales étaient une exception, il n'en est pas moins vrai qu'il y avait partout de grands abus dans l'administration de la justice ; la corruption et l'ignorance des juges excitaient à cette époque les plaintes de tous les États généraux et les satires des écrivains (4).

Non content de punir à l'occasion ceux qui se rendaient coupables de ces abus, Poyet prit nombre de mesures pour empêcher qu'il s'en commis à l'avenir. Il défendit aux magistrats « de rien prendre (des plaideurs) encore qu'il fust libéralement offert (5) », « de solliciter pour autrui les procez pendant ès-cours où ils étaient officiers et d'en parler aux juges directement ou indirectement (6) » ; il leur enjoignit de ne paraître au Palais que dans une tenue sévère et correcte et de

______

(1) Floquet, I, p. 532.

(2) Floquet, II, p. 13.

(3) Floquet, II, p. 42. Ils finirent cependant, à l'exception d'un seul, par être graciés et rétintégrés. (Floquet, II, p. 45).

(4) Rabelais : *Pantagruel,* liv. III, ch. 39 et suiv.; liv. V, ch. XI à XV.

(5) Isambert, XII, n° 289.

(6) Isambert XII, n° 288, art 124.

ne point porter la barbe (1); il prescrivit la tenue régulière dans chaque tribunal, de mercuriales où seraient « pleinement et entièrement déduites les fautes des officiers de nosdites cours, de quelque ordre et qualité qu'ils soient (2) ». Il obligea les titulaires d'offices à résider dans leur siège, ainsi qu'à gérer eux-mêmes leur charge, au lieu de l'abandonner à des commis ignorants ou indignes, et de se contenter d'en percevoir les revenus (3). Il révoqua toutes les survivances d'offices (4), pour empêcher les charges de passer à des enfants en bas-âge ou à des incapables ; malheureusement l'efficacité de cette sage disposition fut compromise par la fâcheuse pratique de la vénalité des offices, que les nécessités fiscales développèrent incroyablement, comme nous le verrons dans le chapitre relatif aux finances. Enfin le chancelier renouvela la défense, si souvent répétée et si peu observée, à tous juges royaux d'accepter des emplois qui les missent à la merci des seigneurs (5).

Cette disposition nous amène à l'étude des abus et des excès dont souffraient les justiciables éloignés des sièges des Parlements et aux mesures que Poyet dut prendre pour les réprimer. La difficulté des communications à cette époque augmentait, en quelque sorte, énormément les dis-

(1) Isambert, XII, nº 319, art. 30.
(2) Isambert, XII, nº 288, art. 130.
(3) Isambert, XII, nº 293 ; nº 319, art. 14.
(4) Isambert, XII, nº 334.
(5) Isambert, XII, nº 319, art. 7.

tances ; les campagnes étaient absolument livrées
sans défense aux brigandages des gentilshommes (1)
ou des bandes armées d'aventuriers que les
guerres continuelles multipliaient sur notre territoire (2). Les juges inférieurs, terrorisés, n'osaient
sévir et se faisaient même les complices des criminels (3). Poyet dut, dans son ordonnance sur la
réformation de la justice en Normandie, défendre
aux officiers de favoriser les délinquants (4) et de
les retirer dans leur propre maison ou de les
fréquenter (5) ; mais, au contraire, il leur ordonna
de procéder « contre tous délinquants, sans accep-
tion de personne (6) », de les prendre et appré-
hender (7). Il prit des mesures contre les gens de
guerre et rendit les capitaines responsables des
crimes de leurs hommes (8) ; il défendit les levées
de troupe et les assemblées illicites de gens armés
et masqués (9). Mais ce n'était pas assez de faire
des règlements, il fallait en assurer l'exécution :
c'est dans ce but que le chancelier régularisa
l'institution des Grands-Jours.

Les Grands-Jours, dit un auteur de la fin du
XVIe siècle, étaient « les séances extraordinaires

(1) FLOQUET, t. II, p. 18.
(2) FLOQUET, II, p. 19. — ISAMBERT, XII, no 115. — RABELAIS,
Gargentua, livre Ier, ch. 26.
(3) FLOQUET, II, p. 28. — ISAMBERT, XII, no 319, art. 37.
(4) ISAMBERT, XII, no 319, art. 35.
(5) Art. 37.
(6) Art. 35.
(7) Art. 37.
(8) Art. 36.
(9) ISAMBERT, XII, no 269.

d'un nombre des juges du Parlement, faites par la commission du roy en une province esloignée de la résidence d'icelui (1) ». L'objet de ces séances était « la punition des crimes plus graves et énormes, commis par les plus grands, ou autres personnages tenans main forte esdits pays, ou pour l'exécution des condamnations capitales contre eux données, ou pour l'entretenement des ordonnances, ou animadversion des juges ayant délinqué en leurs charges, ou connivé à la punition des crimes, ou pour vuider les appellations verbales qui, par la trop grande affluence des causes qui viennent aux Parlements, ou pour la trop grande pauvreté des parties, ont demeuré trop longtemps indécises (2) ». Il n'est pas besoin de faire ressortir les avantages et l'excellence de cette institution ; notons seulement le développement qu'elle reçut de Poyet. Durant les quatre années que celui-ci passa au pouvoir, il envoya des membres du Parlement de Paris tenir les Grands-Jours à Angers, en 1539, à Moulins en 1540, à Poitiers en 1541, à Riom en 1542 ; du Parlement de Bordeaux à Agen en 1540 et Limoges en 1542 ; du Parlement de Rouen à Bayeux en 1540 ; du Parlement de Toulouse, enfin, à Nîmes, en 1541 (3).

Telle fut l'œuvre de Poyet, en ce qui concerne

(1) *Treize livres des Parlements,* p. 40.
(2) *Treize livres des Parlements,* p. 38.
(3) PORÉE, p. 83, note.

la justice. D'après ce tableau, ce chancelier nous apparaît tout autre que ses détracteurs ne nous le représentaient : plein de sollicitude pour le pauvre populaire qu'il défend de son mieux contre les restes de la tyrannie féodale ; serviteur zélé de la royauté, défenseur ardent des prérogatives du pouvoir central, ennemi de tous les abus, digne précurseur, en un mot, du cardinal de Richelieu.

CHAPITRE III

Rôle financier du chancelier Poyet.

Une étude sur un chancelier de François Ier, « le plus fiscal de nos rois », ne serait pas complète si elle laissait de côté le rôle financier de ce chancelier ; nous allons voir qu'en cette matière, l'œuvre de Guillaume Poyet fut très considérable. Rappelons-nous, en effet, la théorie, si différente du droit constitutionnel moderne, d'après laquelle le roi, source de tous les pouvoirs, les déléguait ou les retenait à sa volonté, toute l'autorité étant en fait exercée par le ou les personnages de l'entourage royal qui jouissaient de la confiance du souverain. Sous François Ier, l'amiral Chabot, le connétable de Montmorency et le chancelier Poyet furent les vrais maîtres de l'État ; la haute intelligence du dernier, ses connaissances juridiques, sa longue pratique des affaires firent de lui — le procureur du roi le déclare au procès (1) — le véritable « superintendant des finances » du roi. Cette partie de la tâche de Poyet fut difficile. A son arrivée au pouvoir, la situation financière était fort embarrassée, et le chancelier confessait aux échevins de Paris « que les affaires

(1) *Histoire du procès du chancelier Poyet,* par l'Historiographe sans gages et sans prétentions, p. 157.

» étaient graves et pressées, et que le roi était
» en arrière de deniers qu'il avait pris à intérêts
» de plusieurs particuliers, de plus de 600,000
» livres (1) ». François Ier en effet fit constamment preuve d'une prodigalité extravagante (2).
Son humeur aventureuse l'entraîna dans une
série de luttes qui coûtèrent des sommes énormes
à la France ; outre les frais de guerre proprement
dits, il fallut payer à l'étranger des tributs lourds
et humiliants : à Charles-Quint pour la rançon
du roi, aux Suisses et aux Anglais, pour acheter
leur concours ou leur neutralité. A l'intérieur,
les dépenses de la cour atteignirent des chiffres
véritablement incroyables : on connaît la passion
du roi pour les bâtiments, on peut juger de l'importance des constructions qu'il entreprit par
exemple par les châteaux de Chambord et de
Fontainebleau ; et pourtant « la somme consacrée
aux bâtiments n'est que le sixième de celle consacrée à la chasse, aux menus plaisirs et aux
dames de la Cour (3) ». Les pensions payées par
le roi aux seigneurs dont la fortune était insuffisante pour soutenir leur train de vie à la Cour,
montèrent en 1537 — l'année qui précéda l'arrivée
de Poyet à la chancellerie — à 1,350,000 livres
tournois, et les dons à 675,000 livres (4).

(1) Porée, p. 76.
(2) Clamageran, *Histoire de l'impôt en France*, t. II, p. 102.
(3) Clamageran, p. 104.
(4) Sur un budget total de 8 millions en moyenne. Clamageran, 104-131.

Si nous joignons à ces prodigalités le désordre des finances, les dilapidations dont la famille royale (1) donnait l'exemple, exemple suivi du haut en bas de l'échelle administrative (2), nous comprendrons facilement qu'une augmentation énorme des impôts ait été nécessaire à cette époque, et que Poyet ait dû pour combler les déficits budgétaires s'ingénier à trouver de nouveaux moyens de remplir les caisses de l'État.

L'étude de ces moyens fera l'objet de ce chapitre : nous adopterons la classification et la terminologie en usage au XVIe siècle et nous étudierons d'une part les ressources provenant des domaines, et d'autre part celles tirées des impôts.

Les produits des domaines, qui tiennent dans les budgets d'aujourd'hui une place assez minime, constituaient au contraire une forte part des revenus de nos rois ; même au XVIe siècle, dans le langage fiscal, les recettes provenant des domaines étaient appelées recettes ordinaires, par opposition à celles provenant des impôts, qualifiées de ressources extraordinaires. Les légistes distinguaient le domaine corporel, qui correspondait aux terres et aux fiefs dont le roi était le pro-

______

(1) En 1522, Louise de Savoie détourna 400,000 écus d'or destinés à l'armée d'Italie. Le surintendant des finances, Semblançai, sur qui elle essayait de rejeter la responsabilité du détournement fit voir la quittance de la reine : cinq ans après (1527), il périt sur l'échafaud, victime d'une condamnation injuste. CLAMAGERAN, p. 105.

(2) Voir chapitre IV le procès de Chabot.

priétaire ou le seigneur et le domaine incorporel qui embrassait tous les revenus domaniaux perçus par le roi.

Parmi les biens du domaine corporel, les uns, comme les rivières, les routes, les ports, les monuments publics, ne produisaient pas de revenus, et nous n'avons pas à nous en occuper. Restent alors les fiefs et arrière-fiefs de la couronne, les forêts et les domaines ruraux exploités par des « hommes du roi ». Le chancelier Poyet, pour éviter d'être, disait-il, « contraint ... de croistre les tailles, à son grand regret et desplaisir (1)... », se préoccupa d'agrandir, ou du moins de maintenir dans son intégrité cette partie du domaine. Cette intégrité était compromise par de nombreux dons arrachés au roi par son entourage à force d'importunités (2) ; par des empiètements faits grâce à la négligence ou aux malversations des fonctionnaires royaux (3) ; par les tendances des vassaux à rompre le lien qui les rattachait à la couronne, et surtout par les aliénations faites par le roi pour se procurer de l'argent. Le chancelier prit des mesures pour obvier à ces inconvénients. D'une part, à deux reprises, les 15 octobre 1539 et 12 janvier 1541 (4), il enjoignit aux propriétaires de fiefs et arrière-fiefs de la couronne de faire « connaître la valeur desdits fiefs, les démen-

(1) Isambert, 12, n° 318.
(2) Isambert, 12, n° 283, art. 2.
(3) Isambert, 12, n° 318.
(4) Isambert, 12, n°s 290 et 336.

brements qu'ils ont éprouvés, à quelles charges
ils sont soumis, et les noms et prénoms de ceux
qui les possèdent » : les gens du roi étaient en
même temps chargés de vérifier l'exactitude de
ces déclarations. D'autre part, le 28 décembre 1540,
il fit paraître un édit (1) enjoignant « à tous pos-
sesseurs de biens dépendant du domaine de la
couronne de les déclarer dans les trois mois,
sous peine d'amende arbitraire, et accordant la
jouissance du dixième pendant leur vie aux révé-
lateurs ». Par une ordonnance du 30 mai 1539 (2),
il déclara que les biens provenant de donations
faites du domaine de la couronne feraient retour
à ce domaine au décès des donataires, et que ceux-
ci ne pourraient les transmettre à leurs enfants.
Enfin, le 30 juin 1539 (3), Poyet alla plus loin et
proclama l'inaliénabilité et l'imprescriptibilité du
domaine.

Quant au domaine incorporel, il comprenait des
droits féodaux et des droits régaliens. Les principaux des droits féodaux et les plus productifs, les
mêmes qui appartenaient aux seigneurs dans
leurs fiefs, étaient les cens et rentes en nature ou
en argent, les lods et ventes, les dîmes, les cham-
parts... qui pesaient sur les roturiers ; les droits
de relief, de quint et requint, de treizième, de
reliefs et rachats (4) et de garde des mineurs, qui

(1) ISAMBERT, 12, n° 318.
(2) ISAMBERT, 12, n° 272.
(3) ISAMBERT, 12, n° 277.
(4) ISAMBERT, 12, n° 318.

frappaient les vassaux nobles ; la quotité de tous
ces droits variait à l'infini suivant les usages locaux ou les conventions.

Au contraire, les revenus provenant de l'exercice des droits régaliens, qui d'ailleurs n'appartenaient qu'au roi seul, étaient perçus dans tout le
royaume, en vertu de règlements généraux et
d'une manière uniforme. Les uns étaient d'anciens
droits féodaux dont le roi s'était réservé la
jouissance exclusive : droits d'amortissement et
de nouvel acquêt payés par les gens de mainmorte
(églises, communautés ecclésiastiques, personnes
civiles, communes, corporations); droits de franc-
fief, dûs par les rôturiers acquéreurs d'un fief;
droits sur les étrangers et les bâtards (1), les
Juifs (2); droits de seigneuriage, prélèvements
sur les matières d'or et d'argent converties en
monnaies. Au milieu du XVIe siècle, le monopole
de ces droits n'était plus contesté à la royauté ;
Poyet cependant fut, en janvier 1539, obligé de
prendre un édit (3) portant que « le droit d'au-
baine aurait lieu en Provence ».

D'autres ressources provenaient de l'exercice
de la justice royale, qui s'étendait sur toute la
France : les amendes, les confiscations et les
droits de sceau. Le chancelier Poyet développa
encore cette source de revenus. Par un édit(4) du

(1) *Catalogue des Actes de François Ier*, n° 11.043.
(2) *Actes de François Ier*, 12.560.
(3) ISAMBERT, 12, n° 297.
(4) ISAMBERT, 12, n° 285.

10 août 1539, il étendit extraordinairement pour les cas de lèse-majesté le droit féodal de commise, qui appartenait au suzerain, sur les biens que son vassal félon tenait de lui ; il déclara que la confiscation s'étendrait non plus seulement aux biens féodaux des coupables, mais à tous leurs autres biens « meubles, immeubles, allodiaux ou roturiers ;... malgré toutes substitutions ou conditions de retour »; il alla jusqu'à priver les enfants des condamnés et leurs héritiers en général de tout droit à la succession, frappant ainsi des innocents au mépris de toute justice (1). D'autre part, pour remédier à un abus criant dont il fut d'ailleurs le premier à profiter (2), il fit un édit (3) « portant qu'à l'avenir il ne serait fait aucun don des amendes et confiscations et révoquant ceux faits antérieurement »; mais telle était l'avidité des courtisans que cet édit, déclaré pourtant « perpétuel et irrévocable » fut aboli dès le 7 novembre 1541, en faveur de l'amiral Chabot (4).

---

(1) Disons à la défense de Poyet que l'intérêt fiscal n'était pas le seul motif de cette disposition; en effet, dans notre ancien droit criminel, la peine était édictée moins peut-être pour punir le coupable que pour prévenir le retour des actes criminels et dans un but d'intimidation. C'est d'ailleurs ce qu'exprime l'édit du 10 août 1539. ISAMBERT, p. 590 et 591.

(2) Au hazard, dans les *Actes de François I*er, dons d'amendes ou de biens confisqués : nos 10.738, 10.781, 10.784, 10.801, 10.805, 10.806, 10.825, 10.830, 10.846.....; au profit de Poyet, 9.277, 11.223.

(3) ISAMBERT, 12, n° 283.

(4) ISAMBERT, 12, n° 331.

Une troisième sorte de revenus domaniaux étaient des droits fiscaux établis par le roi, en vertu de sa souveraineté, pour la police générale de l'Etat : le droit d'anoblissement ; les droits payés par les aubains et les bâtards pour obtenir des « lettres de naturalité ou de légitimation (1) » ; le prix de vente des offices et des lettres de maîtrises (2). Le chancelier Poyet développa d'une manière scandaleuse cette dernière source de revenus ; il multiplia les offices de tous genres, depuis les plus infimes, comme celui de simple ouvrier des monnaies (3), jusqu'aux plus élevés, comme ceux de conseillers et de président aux Parlements (4), mais surtout les offices financiers (5), augmentant ainsi les frais de perception des impôts et la somme à demander chaque année au contribuable. Il alla jusqu'à dépouiller les municipalités de leur droit de choisir les fonctionnaires municipaux ; il cassait les officiers nommés par les villes, pour revendre leurs charges à d'autres (6). Ce trafic honteux pouvait avoir les plus funestes conséquences pour l'Etat ; car les offices achetés devenaient la propriété de leurs titulaires,

(1) *Actes de François I*er, 11.039, 11.040, 11.041.

(2) Isambert, 12, n° 328. Ces ventes étaient habituellement déguisées sous forme de prêts : « Prest à jamais rendre, vente déguisée du mot de prest » *Loyseau : des Offices,* 1 III. ch. I.

(3) Actes, 11.348, 11.558, 11.559, 11.596, 12.150, 13.392.

(4) Actes, 11.297. — Poyet n'étant qu'avocat du roi au Parlement avait pourtant protesté, au nom de cette compagnie, contre la création de nouveaux offices vénaux à cette cour.

(5) Actes, 11.261, 11.262, 12.542.

(6) Actes, 12.671.

qui pouvaient les céder à d'autres ou les laisser à leurs enfants, sans que ceux-ci eussent à justifier de leur capacité. Une ordonnance (1) de décembre 1541 révoquant les survivances de tous états et offices, à raison de ces inconvénients, faisait exception en faveur de « ceux qui pour lesdites résignations et survivances nous ont payé aucunes finances ».

A toutes ces ressources, Poyet en ajouta une autre, en établissant l'insinuation, qui devait dans la suite, sous le nom d'enregistrement, atteindre un développement que peut-être le génie fiscal du chancelier ne prévoyait pas. Cette innovation fut introduite par la grande ordonnance (2) de Villers-Cotterets, sur le fait de la justice, en août 1539, dans son article 132. Cet article ordonne l'enregistrement sous peine de nullité de toutes les donations ; cet enregistrement doit se faire aux tribunaux du domicile des parties et de la situation des biens donnés. Le but apparent de cette insinuation était d'assurer la publicité des donations et de garantir contre la fraude des tiers créanciers ou acquéreurs ; mesure excellente, analogue à celle qui fut imposée plus tard par la loi de 1855 sur la transcription. Malheureusement, cette formalité servit de prétexte pour percevoir des droits de mutation, qui avaient le grave tort de se superposer aux redevances féodales de relief et de quint.

(1) Isambert, 12, n° 334.
(2) Isambert, 12, n° 288, p. 627.

Malgré ces efforts pour augmenter le produit des domaines, Poyet fut obligé de demander à l'impôt des sommes bien plus considérables que celles payées sous les règnes précédents ; il reprit le système financier de ses prédécesseurs, mais en le perfectionnant et en y introduisant quelques éléments nouveaux.

L'ensemble des impôts comprenait alors, comme aujourd'hui, des impôts directs et des impôts indirects ; mais contrairement à ce qui se passe maintenant, on demandait aux premiers une bien plus forte somme qu'aux seconds ; en 1547, contre 4 millions 600.000 livres demandés à l'impôt direct, l'impôt indirect ne fournit que 2.800.000 livres.

La France entière était loin, au xvi⁰ siècle, d'être soumise à un régime uniforme en matière d'impôts et notamment d'impôts direts. Il fallait distinguer d'une part les pays d'élection et d'autre part les pays d'États. Le premier groupe comprenait les pays dits coutumiers, ou pays de la langue d'oïl, qui avaient été représentés aux États généraux de 1355, lesquels avaient établi pour l'assiette et la levée des impôts un système qui subsistait encore sous François Iᵉʳ, quoique profondément modifié. Dans le deuxième groupe, nous rangerons les pays de la langue d'oc et les provinces réunies à la couronne postérieurement à 1355 ; soit, au xvi⁰ siècle, l'Artois, la Bourgogne et la Bretagne.

Dans les pays d'élection, il n'y avait véritablement qu'un seul impôt direct, la taille, augmentée souvent d'un ou plusieurs accessoires, les crues. La taille était un impôt de répartition, dont le montant, fixé en bloc par le roi, était divisé par le conseil entre les généralités financières ; dans chaque généralité, les élus, qui, d'abord choisis par les États, étaient, au xvi⁰ siècle, des fonctionnaires royaux, fixaient le contingent des paroisses, contingent partagé et levé par des contribuables, les asséeurs-collecteurs. L'équité était loin d'être respectée dans cette répartition. D'une part, il y avait des exemptions nombreuses ; exemptions générales au profit des « vrais écoliers étudians et continuellement frequentans, demeurans et résidans ès Universités de Paris, Orléans, Angers, Poitiers et autres approuvées, pour acquérir degrez ès sciences ; nobles vivant noblemant et suyvant les armes, ou qui, par vieillesse, ne les peuvent plus suyvre ; noz officiers ordinaires et commensaux ; pauvres et misérables personnes (1) » ; au profit des ecclésiastiques (2) ; au profit des maîtres de forges et propriétaires de mines (3) ; exemptions particulières en faveur de la plupart des villes ; des églises ; des monastères ou de simples citoyens. D'autre part, l'iniquité était encore accrue, on va le comprendre plus loin, par le fait que la taille était personnelle, c'est-à-dire

---

(1) *Ordonnances du Louvre*, XIII, p. 429.
(2) *Ordonnances du Louvre*, XIII, p. 442.
(3) *Actes de François Iᵉʳ*, 10.742 : établie par Poyet en 1538.

frappait directement les contribuables qui y étaient
assujettis, à raison de l'ensemble de leurs facultés,
constituant ainsi un impôt global sur le revenu.

Dans les pays d'États, au contraire, les États
provinciaux votaient eux-mêmes, librement —
en théorie du moins, car en fait c'était le roi qui
fixait la somme dont il avait besoin — le montant de leur contribution ; puis, ce chiffre arrêté,
ils déterminaient la part de chaque subdivision,
ainsi que les moyens à employer pour lever ce
subside. En général, tous ces pays avaient recours
à un impôt qu'on appelait en Languedoc la taille
réelle (1). Cet impôt frappait les biens fonciers
roturiers à raison de leur nature, abstraction faite
de la personne du propriétaire ; on distinguait
alors, non plus les contribuables taillables et les
privilégiés exempts, mais les biens roturiers im-
posables et les biens privilégiés. Il est aisé de
voir que cet impôt, quoique contraire encore au
principe d'égalité, présentait sur la taille personnelle un double avantage. D'abord, il reposait
sur une base certaine, la propriété foncière, et
évitait ainsi aux contribuables la fixation arbitraire de leur contingent. Puis les privilégiés pos-
sesseurs de biens ruraux devaient, pour ces immeubles, payer la taille ; c'est ce que décident deux
lettres du chancelier Poyet (2), l'une pour le Lan-

(1) En Bretagne, c'était le fouage, à peu près la même chose
sous un autre nom.

(2) *Actes de François Ier*, 11.535, 11.536. — Isambert, 12,
n° 308.

guedoc, l'autre pour le Quercy, en date toutes deux de 1540. Un autre édit (1), du même, du 4 avril 1540, défend « à tous gentilshommes, gens d'ordonnance et ecclésiastiques, de tenir directement ou indirectement aucune ferme ou censive, sous peine d'être imposés à la taille » ; en effet, ces divers privilégiés ne sont exemptés d'impôt (2) qu'à condition de « vivre noblement et suyvre les armes », ils ne doivent plus l'être dès l'instant qu'ils « font et exercent le fait d'agriculture et labourage et tous autres actes méchaniques et roturiers ». Ces deux sortes de mesures sont tout à l'honneur de leur auteur, puisque la taille étant un impôt de répartition, elles avaient pour objet, non pas d'augmenter le produit de l'impôt, mais d'obvier « à la foule et charge des dits gens du dit tiers et bas état ».

Passons maintenant à l'étude des impôts indirects; les principaux étaient, au xvi⁶ siècle, les aides, les gabelles et les traites ; Poyet y ajouta le produit de la ferme de la loterie.

« Le mot aides a eu successivement deux sens. Dans un premier sens large, il désigna d'abord les subsides extraordinaires et temporaires que les rois obtenaient par le consentement des seigneurs et des villes, ou levaient, en vertu des principes féodaux, quelle que fût d'ailleurs l'espèce d'impôt par laquelle l'aide était réalisée. Dans un second

(1) Isambert, 12, n° 301.
(2) Voir plus haut, l'ordonnance de 1445.

sens, plus étroit, il désigna un impôt indirect levé sur la vente de certains objets de consommation (1) » et sur l'entrée, dans certaines villes, des mêmes objets, en général, les vins et les spiritueux. La diversité la plus grande régnait en cette matière dans les différentes parties du royaume ; les aides proprement dites ne se levaient que dans les provinces du centre correspondant à peu près aux pays d'élection ; mais dans les autres parties du royaume, existaient des impôts analogues, sous des noms différents et avec des combinaisons diverses. Le privilège d'ailleurs existait aussi en cette matière, et les nobles, les ecclésiastiques, les étudiants et certains officiers royaux (2) jouissaient d'exemptions plus ou moins étendues. D'autre part, des provinces, des villes, des particuliers même s'étaient rachetés moyennant une somme une fois payée, ou un abonnement annuel. — Le chancelier Poyet ne changea rien à l'ordre de choses existant lors de son arrivée au pouvoir; il ne marquait pas d'ailleurs un grand enthousiasme pour ces sortes de droits, au moins lorsqu'il s'agissait pour lui de les payer, ainsi qu'on peut en juger par une lettre rapportée par M. Porée et adressée à son ami Séguier, avocat du roi à la justice des Aides (3).

Il introduisit au contraire des modifications

(1) ESMEIN. — *Histoire du Droit*, p. 544.

(2) *Actes de François Ier*, 11.044.

(3) « Si je paye jamais d'uytiesme de mon creu, tu seras cudu ». — PORÉE, p. 102.

importantes dans l'assiette et la perception de la gabelle. Le mot gabelle s'appliquait d'abord à tout impôt de consommation en général : au XVIᵉ siècle, il désignait plus particulièrement (1) l'impôt royal sur la vente du sel. Cet impôt, fort impopulaire, bien des fois supprimé et toujours rétabli presque aussitôt, avait été fort augmenté par Louis XII et François Iᵉʳ. Au moment de l'arrivée de Poyet à la chancellerie, le sel était « marchand », suivant le langage d'alors ; il était vendu dans des établissements spéciaux, appelés les greniers du roi, pour le compte des particuliers, propriétaires de salines ou de marais salants, qui étaient tenus d'y faire conduire celui qu'ils produisaient. Les droits royaux étaient perçus lors de chaque vente par les grènetiers ou contrôleurs, et le prix du sel payé au marchand. Le montant du droit, originairement fixé au cinquième du prix de vente, avait été porté en 1537 à 45 livres par muid du poids de 60 quintaux (2). La situation de toutes les provinces d'ailleurs n'était pas uniforme : la Saintonge, le Poitou et le gouvernement de la Rochelle payaient un droit égal au quart du prix, à chaque vente ou échange de sel ; la Guyenne et le Rousillon jouissaient de tarifs réduits ; la Bretagne enfin avait été exemptée par le traité qui l'avait réunie à la couronne. L'énormité et la diversité

____

(1) Il est encore employé dans des ordonnances de François Iᵉʳ pour désigner des droits de douane. ISAMBERT, t. XII, p. 690.

(2) CLAMAGERAN, p. 118.

de la taxe donnaient lieu à des fraudes et à des malversations nombreuses, contre lesquelles on avait en vain édicté en 1535 des mesures cruelles et vexatoires (1). Chaque habitant devait tous les ans, sous peine de prison et confiscation, déclarer par serment la quantité de sel achetée par lui l'année précédente (2). Les grènetiers pouvaient entrer dans les maisons de ceux qui refusaient de faire cette déclaration, ou même dans les maisons simplement suspectes (3). Ceux qui détenaient du faux sel, ceux qui le vendaient ou le transportaient, ainsi que leurs complices, étaient condamnés, en cas de récidive, au bannissement, à des peines corporelles, à la confiscation (4). Mais tous ces moyens restaient impuissants contre le faux-saunage.

C'est alors que le chancelier Poyet prit des mesures plus radicales. Des commissaires royaux mirent la main sur toutes les salines et marais salants, en attendant l'élaboration d'un nouveau mode de perception, qui fut établi par l'édit du 1er juin 1541 (5). Cet édit portait qu'à l'avenir ceux qui achèteraient ou enlèveraient du sel des salines et marais salants seraient tenus de payer les droits de gabelle, lors de l'enlèvement, aux receveurs établis sur les lieux d'où le sel serait tiré.

(1) *Édit du 25 août 1535.* Isambert, 12, n° 218.
(2) Art. 18.
(3) Art. 19.
(4) Art. 22.
(5) Isambert, 12, n° 325.

La diversité de traitement des différentes provinces subsistait.

En ce qui concernait le sel destiné aux pays sujets à la gabelle, c'est-à-dire non privilégiés, les droits du roi étaient fixés à 45 livres tournois par muid (1). Le marchand qui avait acquitté ce droit avait la liberté de porter, vendre et distribuer son sel dans tout le royaume, sans avoir à supporter aucune autre taxe que les péages locaux.

Le sel destiné à la pêche ou à l'exportation supportait un droit égal au prix de vente et dont un quart seulement était payable comptant par forme de provision « tant par le pêcheur que par l'étranger, suivant la fixation qui sera faite chaque mois, du prix du sel, par le conservateur dudit quart, sur les lieux, avec le procureur du roi, et les gardes et contrôleurs, afin de prévenir les fraudes que les vendeurs pourraient faire sur la déclaration du prix (2) ».

Enfin le sel nécessaire à la consommation des provinces privilégiées continuait à payer un quart et un demi-quart à chaque vente ou échange dont il était l'objet ; dans le but d'assurer la perception des droits sur les reventes successives, on avait décidé que celles-ci ne pourraient s'opérer que dans certains lieux, désignés sur le brevet que l'acheteur se faisait délivrer à la sortie du marais. En Bretagne,

(1) Art. 27.
(2) Art. 15.

même, le sel était exempt de tout droit, à charge d'être produit et consommé dans la province même, chaque habitant ne pouvant jamais se procurer plus que la quantité dont il avait besoin pour une année.

L'édit de 1541 avait l'inconvénient de rendre nécessaire, pour la surveillance des salines et marais salants et pour la perception des droits de revente, la création d'une foule de nouveaux officiers royaux : conservateurs, procureurs du roi, greffiers, receveurs, contrôleurs, gardes et mesureurs. D'autre part, en laissant subsister des inégalités entre les diverses parties du royaume, il donnait à la fraude et à la contrebande un objet et un attrait. En vain furent édictées des peines encore plus sévères que les anciennes : en cas de transport illicite hors des salines, outre la confiscation du sel, des bateaux, charrettes et bêtes, le vendeur, l'acheteur et le conducteur devaient être condamnés, pour la première fois, à une amende arbitraire, pour la seconde fois, à une punition corporelle, par exemple le fouet ; pour la troisième fois, à être « pendus et étranglés ».

L'atrocité des peines n'empêchant pas le faux-saunage, Poyet s'avisa que les « fautes, fraudes et abus... étaient principalement provenus... par le moyen de la diversité ci-devant gardée à la perception des droits de gabelle, quart et demi-quart, quint et demi-quint (1)... », et résolut en consé-

____

(1) Édit d'avril, 1542. *Ordonnances de Fontanon*, II, p. 1001.

quence « tout reigler soubs une mesme forme et façon de faire, et réduire en un droit de gabelle certain ». Par une ordonnance d'avril 1542, il établit une taxe de 24 livres tournois par muid sur « tout le sel vendu, trocqué et échangé ès salines et marais » ; cette ordonnance ne créait d'exception qu'en faveur des propriétaires de salines et marais, qui pouvaient en franchise prendre les quantités nécessaires à leur consommation, mais cela seulement. Cette réforme était absolument équitable ; bien plus, elle apportait un allègement considérable à la charge qui pesait sur les contribuables des anciennes provinces de gabelle, en réduisant pour eux l'impôt de 45 à 24 livres par muid. Mais à cette époque, l'inégalité et le privilège étaient partout, et les anciennes provinces franches s'émurent de cette atteinte portée à ce qu'elles appelaient leurs libertés. D'autre part les propriétaires de salines et marchands de sel représentèrent au roi que soumettre à la gabelle le sel destiné à l'exportation, c'était priver le royaume de cette branche de commerce, et que la pêche nationale, par la même raison, recevrait une atteinte funeste. Les plaintes furent bientôt suivies de troubles ; la Bretagne, l'Aunis, le Poitou, la Saintonge, la Rochelle et Bordeaux se soulevèrent en masse pour la défense de leurs privilèges. François Ier dut réprimer par les armes cette sédition, mais Poyet n'était déjà plus au pouvoir, et sa tentative d'unification avait été un de ses derniers actes législatifs (1).

Il nous faudra donc faire un retour en arrière, pour voir quelles innovations furent introduites par notre chancelier dans l'organisation des traites ou douanes. Ici encore, Poyet s'efforça d'augmenter, par une meilleure organisation, le rendement de l'impôt, sans en accroître la charge. Les droits de douane existaient depuis fort longtemps ; mais jusqu'au xvie siècle, ils ne consistaient qu'en droits à l'exportation. On était au moyen âge surtout préoccupé d'assurer l'approvisionnement ; on craignait de manquer des choses nécessaires, on défendait en conséquence la sortie des produits du pays (2). D'autre part, et pour se procurer des ressources, les rois concédaient à prix d'argent des licences de faire le commerce d'exportation ; plus tard, on supprima ces licences particulières, et chacun fut libre d'exporter, mais à condition de payer des droits ; ces droits prirent le nom de rêve et de haut-passage. Le droit de rêve se percevait sur toutes sortes de marchandises ; il était sous François Ier de quatre deniers pour livre de leur valeur ; le droit de haut-passage ne pesait, à

(1) Il avait été arrêté à Argilly, le 2 août 1542.

(2) Ces idées subsistaient encore en partie sous François Ier, auquel elles firent édicter la défense d'exporter les matières d'or et d'argent (ISAMBERT, 12, 312), et à certaines époques l'interdiction de faire sortir des grains du royaume (ISAMBERT, 12, 304). La première de ces défenses fut en même temps causée par la fausse croyance générale au xvie siècle, que l'or et l'argent constituaient les principales richesses d'un pays.

raison de sept deniers pour livre, que sur certains objets déterminés (1). Ces droits étaient levés à la sortie du royaume, par les officiers du domaine. Il y avait encore une troisième taxe, mais d'une nature particulière, la traite foraine : établie en même temps que les Aides, en 1360, elle en fut pour ainsi dire la contre-partie pour les provinces qui avaient réussi à se soustraire à ces impôts. Elle frappa d'un droit de sortie égal au droit d'aides les marchandises à destination de ces provinces ou de l'étranger (2). La perception en était affermée ou se faisait en régie suivant les « diocèses » ; elle se faisait lors du chargement et de l'enlèvement des marchandises ; c'était une entrave insupportable au commerce, car on ne pouvait faire aucun transport sans déclaration préalable (3), sans visite des employés du fisc, sans payer les droits ou donner caution de conduire et de vendre ses marchandises dans une province où les aides avaient cours et où par conséquent les droits seraient payés lors de la vente. Les fermiers d'autre part commettaient des exactions et fraudes sans nombre ; les droits étant des droits *ad valorem*, l'estimation des marchandises par les employés du fermier donnaient lieu à des abus et à des réclamations nombreuses ; d'autre part, la co-existence des fermiers et de la régie établissait

(1) FONTANON, II, p. 455.
(2) Douze deniers pour livre en 1540. FONTANON, II, p. 455.
(3) FONTANON, II, p. 454.

une concurrence qui était loin de tourner à l'avantage du trésor. « Les fermiers avaient imaginé de réduire le tarif dans leur circonscription, afin d'attirer les marchands et de les intéresser à acquitter leur taxe plutôt dans leur diocèse que dans un autre. Le produit des bureaux de régie se trouvait diminué d'autant (1) ». Par un édit (2) du 25 novembre 1540, le chancelier Poyet supprima les fermiers et mit « sous la main du roi » la perception de la foraine dans tout le royaume. Quelques mois après, 10 juin 1541, il décida que cette perception se ferait à la sortie du royaume et dans les mêmes bureaux que celle des droits de rêve et de haut-passage ; c'était assurer la liberté du commerce à l'intérieur des provinces soumises aux aides, en supprimant la nécessité pour le marchand de donner caution et de prouver le transport et la vente dans un pays où les aides avaient cours. C'était malheureusement aussi élever une barrière douanière entre ces provinces et celles qui avaient refusé de se soumettre aux aides, provinces qui étaient dès lors traitées comme l'étranger ; telle est l'origine de la distinc-

---

(1) BOUCHARD, *Système financier*, p. 161. — Pour donner une idée de ces fraudes, citons le témoignage du chancelier Poyet lui-même, d'après lequel un certain Nolles « avait fait... augmenter la foraine de Toulouse de cent mille écus et avait déclaré et donné connaissance des sciences secrètes, intelligences et monopoles qui étaient entre les marchands pour raison de ladite foraine, et fait ouverture de l'augmentation d'icelle ». (Procès du chancelier Poyet, p. 249).

(2) ISAMBERT, 12, 317.

tion qui subsistera jusqu'à la fin de l'ancien régime, entre les cinq grosses fermes et les provinces
réputées étrangères. Toutefois c'est moins Poyet
que ces provinces mêmes qui doivent porter la
responsabilité de cette division ; le chancelier, en
effet, offrit (1) alors à ces provinces de se soumettre
aux aides, pour rentrer dans le réseau douanier
général ; mais elles s'y refusèrent. Il restait encore une amélioration à introduire : la transformation des droits *ad valorem* en droits spécifiques,
pour éviter les évaluations arbitraires, ce fut
l'œuvre de l'Édit de Tonnerre (2), du 20 avril 1542.
Cet édit en effet contient « l'évaluation et l'appré-
ciation de toutes marchandises à certain prix » ;
et comme le droit à payer était toujours de douze
deniers pour livre de la valeur ainsi déterminée,
cela revenait absolument à fixer pour chaque
espèce de marchandise la somme à payer par
unité de poids, de mesure ou de quantité.

Le système douanier de François Ier comportait
aussi des droits à l'importation ; les articles frap-
pés étaient les drogueries et épiceries et les draps
d'or, d'argent et de soie. Les premières de ces
marchandises sont visées par les ordonnances (3)
du 22 octobre 1539, 15 novembre 1540, 23 février
1541 et par le tarif publié en 1542. Sous le nom
de drogueries, on entendait « les fruits, les écorces,

(1) FONTANON, II, p. 461.
(2) FONTANON, II, p. 455.
(3) ISAMBERT, 12, n°s 291, 315, 338.
    FONTANON, II, p. 492.

les racines, les plantes, les bois, les minéraux et toutes sortes de préparations dont ces productions étaient la base, et dont l'usage principal était pour la médecine, la peinture ou la teinture (1) ». Par épiceries, on entendait « la canelle, le poivre, le girofle, le gingembre, la muscade... ». François Ier, dans ses ordonnances, déclare reproduire simplement des mesures prises par Charles VIII et Louis XII, mais dont nous n'avons pas retrouvé de traces. L'introduction de ces marchandises n'était permise que par « les ports et hàvres maritains » du royaume, sous la condition de payer les droits ; la raison qu'on donnait de cette mesure était l'utilité publique. On prétendait que les revendeurs altéraient les drogueries et épiceries, et on engageait les marchands français ou étrangers à les aller chercher dans les lieux où elles croissaient et à les apporter directement en France. En réalité, c'était pour faciliter la perception des droits et rendre la fraude plus difficile qu'on limitait ainsi les endroits où l'entrée de ces matières était permise. Ces droits d'importation étaient purement fiscaux ; portant sur des produits qu'on ne cultivait point en France, ils ne pouvaient avoir aucun caractère protecteur ; c'étaient plutôt des impôts de consommation, en tout point comparables à l'imposition foraine.

Il en était de même des taxes sur les draps d'or,

(1) *Encyclopédie méthodique : Finances*, au mot *Drogueries*.

d'argent et de soie, établies par l'ordonnance (1) du 18 juillet 1540. Cet impôt frappait les marchandises désignées de droits plus ou moins élevés, suivant qu'elles étaient destinées à être vendues en France ou qu'elles traversaient seulement le royaume. Pour assurer la perception de ces droits, les mesures les plus vexatoires étaient édictées. Les marchands importateurs devaient passer par des routes limitativement déterminées et se rendre à Lyon où se trouvait le bureau de la douane ; ils étaient ensuite libres de gagner l'endroit où ils voulaient vendre les marchandises, mais on leur imposait de la sorte un détour et des frais qui pouvaient être fort considérables. L'intérêt du commerce était ici absolument sacrifié à l'intérêt fiscal ; ajoutons que les fabricants nationaux étaient eux-mêmes soumis à une surveillance et à des formalités très gênantes, toujours dans le même but : d'assurer la perception des droits (2).

Ce n'était pourtant pas que Poyet se désintéressât du commerce et de l'industrie ; il leur consacrait au contraire tous ses soins. Il fut même sous ce rapport le précurseur de Colbert, en édictant, encore assez timidement il est vrai, des prohibitions d'importer certains objets dont il voulait en France développer la fabrication. C'est ainsi que par l'édit (3) du 12 janvier 1538, rendu sur la

(1) Isambert, 12, n° 310.
(2) Isambert, 12, 310, art. 13.
(3) Isambert, 12, n° 265.

demande des États du Languedoc, et en considération du « bien, profit et utilité provenant à la chose publique des pays de Languedoc du fait de la draperie qui se fait ordinairement aux dits pays », il défendit l'introduction dans tout le royaume des draps de laine de fabrication étrangère, notamment de ceux de Catalogne et de Sardaigne (1).

Un autre acte du chancelier, en cette matière, nous le montre fort en avance sur les idées du XVIe siècle. Nous voulons parler des mesures qu'il prit contre les corporations d'arts et métiers. Déjà du temps où il n'était encore qu'avocat du roi, et deux siècles avant les économistes, il avait signalé les vices principaux du système alors régnant (2) : entraves à la liberté du travail, préjudice causé aux consommateurs par le monopole, dangers résultant pour l'État et la paix publique de l'existence d'associations puissantes et rivales. Une fois au pouvoir, Poyet mit en pratique ses idées et les introduisit dans l'édit de Villers-Cotterets sur le fait de la justice. Cette ordonnance donne librement accès à la maîtrise (3), à tous les

_____

(1) Pour donner une idée exacte du régime douanier au XVIe siècle, il faudrait parler des nombreuses taxes propres à certaines provinces ou à certaines villes, telles que la traite d'Anjou, le trépas de la Loire, la douane de Lyon..., qui grevaient lourdement le commerce et constituaient de véritables barrières entre les diverses parties de la France. Mais comme le chancelier Poyet n'a rien innové de ce côté, nous n'avons pas à nous en occuper ici.

(2) Porée, p. 31, note 2.

(3) Isambert, 12, n° 287, p. 639.

ouvriers capables, qui en étaient jusque-là exclus s'ils étaient pauvres. En effet, les maîtres chargés de faire passer les examens de capacité montraient, de parti pris, une excessive sévérité envers ceux qui n'étaient pas fils de maîtres ; ils ne se laissaient bien souvent fléchir qu'à prix d'argent ou moyennant des dîners et banquets fort dispendieux. Les articles 188, 189 et 190 interdisent ces banquets et en général toute « autre despence que celle du chef-d'œuvre ». L'article 191 défend les réunions entre maîtres, où ceux-ci « trafiquaient des marchandises, leur imposaient leur taux, les vendaient à leur volonté et faisaient plusieurs sortes de monopoles (3) ». Le même article prohibe ce que l'on appellera plus tard les coalitions, soit entre patrons, soit entre ouvriers. Enfin, l'article 185 proscrit absolument les « confréries de gens de métiers ». Chaque corporation était en effet doublée d'une association religieuse et charitable, en ces temps où n'existait pas de distinction entre les institutions de l'ordre civil et ce qui est religieux ; mais ces confréries sortaient souvent de leur objet, et déviaient de leur voie. « Celles qui n'étaient formées que de compagnons devinrent bien vite des instruments de lutte et de résistance. Le secret qu'elles affectaient, certaines parodies des mystères de la religion qui faisaient partie des cérémonies d'initiation et des assemblées les firent aussi, à diverses

(3) Porée, p. 31, note 2.

fois, condamner par l'Eglise (1). » Un ministre autoritaire comme Poyet ne pouvait tolérer de telles sociétés secrètes.

Mais revenons-en aux impôts. Non content de réformer et de développer, comme nous l'avons vu, l'ancien système financier, le chancelier Poyet introduisit en France une nouvelle source de revenus, la loterie royale. Cette institution empruntée aux villes italiennes fut organisée par des lettres-patentes (2) du mois de mai 1539. Le prétexte en fut l'intérêt de la morale publique; on prétendait endiguer la passion du jeu, lui fournir un dérivatif « honorable » et en éviter ainsi les conséquences dangereuses ou funestes : « pertes de temps, d'argent; blasphèmes envers Dieu, injures et excès envers les personnes. » En réalité, c'était l'exploitation de la passion du jeu que l'on organisait ainsi au profit de l'État ; et si de nos jours les États, les villes et les grandes sociétés financières suivent encore de pareils errements, les moralistes et les économistes sont unanimes à condamner ces procédés. Quoi qu'il en soit, l'édit de 1539 autorisait l'établissement d'une loterie, appelée la Blanque, dans toutes les villes du royaume. Dans chacune d'elles, un « maître et facteur » recevait le privilège de l'exploiter de la manière suivante. Les objets mis en loterie

(1) Hubert-Valleroux : *Les Corporations d'Arts et Métiers et les Syndicats professionnels en France et à l'Étranger*. Paris, 1885. — P. 71.

(2) De La Mare. *Traité de la police*, t. I, p. 502.

pouvaient être des « bagues et joyaux d'or et
d'argent », des espèces, des marchandises de
toutes sortes, voire même « quelque domaine ».
Toutes personnes, sauf les indigents, étaient
« reçues à bailler leurs devises » moyennant
paiement, pour chaque devise, d'un « teston valant
dix sols six deniers ». Les devises étaient inscrites
sur un registre et numérotées dans l'ordre de
l'inscription ; un billet portant ce numéro était
délivré pour servir de titre au joueur. Dès que la
valeur des objets était couverte, on procédait au
tirage public. Deux « vaisseaux » placés sur un
échafaud élevé recevaient, le premier, autant de
billets numérotés qu'il y avait de devises enrôlées,
le second, un nombre égal de billets, les uns en
blanc, les autres portant la désignation des lots et
appelés « bénéfices ». On faisait extraire « par
innocence », simultanément, un billet de chaque
vaisseau, et les porteurs des numéros sortant
avec un « bénéfice » devenaient propriétaire du
lot correspondant. Le facteur prélevait un droit
de douze deniers par livre sur la valeur des lots,
et, comme prix de son privilège, il payait à l'État
une somme fixée par l'édit d'autorisation, somme
variable suivant l'importance des villes, et qui,
pour Paris, était de deux mille livres tournois.

Cette innovation n'eut, paraît-il, aucun succès,
soit que le peuple ne fût pas assez joueur, ou bien
— et c'était l'avis de Jean Laurent (1), le conces-

(1) *Traité de la police*, p. 504.

sionnaire de la Blanque à Paris — soit que le prix de chaque billet fût trop élevé. Des lettres-patentes du 24 février 1541 autorisèrent ce concessionnaire à diminuer ce prix ; mais il semble que ce fut en vain. On ne sait même pas « si cette première loterie fut remplie et tirée ; il n'en est fait aucune mention, ni dans l'histoire, ni dans les registres ou les mémoires de ce temps-là (1) ». L'idée de Poyet, en tous cas, fut reprise plus tard, surtout au début du xviii\ *e* siècle, où elle rapporta d'assez jolis bénéfices au trésor royal.

Telles furent les réformes réalisées, en moins de quatre années, par le chancelier Poyet, dans le but d'établir en France l'uniformité du système financier et, dans une certaine mesure, l'égalité devant l'impôt, de diminuer les frais de perception et d'augmenter ainsi les revenus de l'État sans charger davantage les contribuables. Malheureusement les prodigalités du roi et les dilapidations de son entourage creusaient tous les ans des déficits tels que, pour les combler, Poyet fut obligé d e recourir à l'emprunt.

Il empruntait aux États provinciaux, aux villes, aux particuliers. « En 1541, il fit dresser des rôles d'emprunts pour tous les bénéfices ecclésiastiques ; et les titulaires ayant protesté unanimement contre l'exagération des taxes imposées, il obligea les diocèses au paiement de deux décimes ou à des dons gratuits, dont il fixa le

(1) *Traité de la police*, p. 504.

montant. En 1539, il s'était fait adresser, par les officiers royaux, un état des revenus de chaque ville ; .... il donna commission dans chaque province, aux évêques et aux principaux magistrats (1), de lever des sommes variant selon la richesse de chacune d'elles. Le Dauphiné dut ainsi prêter 20,000 écus ; le Poitou, 40,000 ; la Bourgogne et la Normandie, 100,000 chacune ; l'Ile-de-France, 280,000... (2). »

Il ne serait pas juste, à notre avis, d'en faire un crime à Poyet, ni de lui reprocher trop sévèrement d'avoir employé parfois d'autres moyens peu recommandables d'emplir les caisses de l'Etat : la nécessité l'y contraignit ; et, en somme, il se montra plutôt grand financier et administrateur habile et zélé.

(1) *Actes de François Ier*, 12,624 ; 12,648.
(2) Porée, p. 78.

CHAPITRE IV

Procès criminel fait à l'amiral Chabot de Brion.

Philippe de Chabot naquit d'une illustre famille
du Poitou et fut élevé dans le château d'Amboise,
avec le comte d'Angoulême et Anne de Montmorency. Devenu le roi François Ier, le comte d'Angoulême n'oublia pas ses compagnons d'enfance ;
les talents militaires de Chabot et sa bravoure à
la bataille de Pavie lui valurent la charge d'amiral ; il fut, dès lors, comblé de richesses et
d'honneurs et devint, en outre, chevalier de
l'ordre du roi, gouverneur et lieutenant-général
du roi en Bourgogne, conseiller au conseil privé,
lieutenant-général du dauphin au gouvernement
de Normandie. En 1535, commandant en chef
dans la guerre contre le duc de Savoie, il s'arrêta,
au cours de grands succès, sur les instances du
cardinal de Lorraine, qui allait négocier la paix
à Rome. Le cardinal ne lui avait montré aucun
ordre à cet égard, et l'amiral fit une faute dont
François Ier conserva toujours le souvenir. Chabot
commit aussi l'imprudence de se mêler aux
intrigues de la cour ; celle-ci était partagée entre
le dauphin, qui périt par le poison en 1536, et le
duc d'Orléans, son frère, qui régna, dans la suite,

sous le nom d'Henri II. Le connétable Anne de Montmorency, réuni à Diane de Poitiers, était chef du parti du dauphin, dont les intérêts étaient visiblement ceux du royaume ; l'amiral, allié à la duchesse d'Étampes, était à la tête du parti du duc d'Orléans. Les deux chefs commencèrent par se craindre et finirent par se haïr. Chabot « était alors le seul gentilhomme français qui n'eût point fléchi sous le crédit énorme de Montmorency (1) », son faste, d'ailleurs « avait offensé les yeux de la noblesse dès le temps où il n'était encore que Brion », et Brantôme nous rapporte une conversation dans laquelle André de Vîvonne, sénéchal de Poitou, disait au roi que la fortune de Brion « était une insulte pour tout le reste de la noblesse ».

Sur ces entrefaites, François Ier, menacé d'une nouvelle guerre avec Charles-Quint, et trouvant ses finances absolument obérées, résolut de rechercher la conduite et d'examiner les comptes de tous ceux qui avaient eu quelque maniement des deniers publics. Des financiers furent arrêtés et condamnés, pour la plupart, à des amendes considérables. « Cette redoutable inquisition ne se borna point à eux, comme cela s'était toujours pratiqué : le roi, que la maladie avait rendu chagrin et difficile, voulut l'étendre sur les têtes les plus considérables de lÉ'tat, sans en excepter ceux de ses favoris dont la fortune pouvait

____

(1) GARNIER, *Histoire de France*, t. XXV.

paraître excessive ou mal acquise (1). » François Ier
ayant demandé à l'amiral quelques explications,
celui-ci répondit avec aigreur qu'il n'avait rien à
redouter et qu'on lui ferait plaisir de le mettre à
portée de justifier sa conduite devant les tribunaux. Blessé par cet orgueil et poussé par Montmorency, le roi ordonna par lettres (2) du
23 septembre 1538, des informations secrètes
contre son favori.

Remarquons, dès à présent, que ces lettres se
trouvent antérieures à celles du 12 novembre
de la même année (3), « lettres de provision de
l'office de chancelier de France en faveur de
Guillaume Poyet, président du Parlement ». Disons
aussi, pour n'y plus revenir, que nous croyons
avoir, dans un chapitre précédent, lavé le nouveau
chancelier de l'accusation d'avoir rédigé l'ordonnance de Villers-Cotterets, dans le but d'aggraver
les rigueurs de la procédure criminelle en vue du
présent procès. Voyons cependant, puisque voici
l'instruction commencée, quelle marche a suivi
le procès.

Cette marche est absolument conforme à l'ordonnance de Villers-Cotterets : elle est exposée
dans les lettres (4) royales du 8 février 1540, qui
contiennent l'arrêt de condamnation. Il y eut
d'abord, nous l'avons vu, une information secrète,

(1) Garnier, XXV.
(2) Isambert, 12, n° 260.
(3) Isambert, 12, n° 261.
(4) Isambert, 12, n° 321.

faite à l'insu de l'accusé par « auchuns commissaires à cette fin depputez » ; ainsi commençaient habituellement les procès de cette nature, et notamment celui qui fut intenté sous Louis XII au maréchal de Gié (1) et dans lequel nous verrons déjà l'application de la plupart des règles suivies en 1539. A la suite de cette information, l'amiral Chabot fut arrêté, et des lettres patentes (2) du 16 février 1539 prescrivirent de lui faire son procès criminel. D'autres lettres (3) du 8 août 1540 ordonnèrent un supplément d'instruction. L'instruction se fit, suivant l'usage, par récolement et confrontation des témoins et interrogatoire de l'accusé ; enfin eut lieu le jugement.

En vertu de la distinction admise entre l'instruction et le jugement, la juridiction à laquelle fut déféré l'amiral fut indiquée seulement par lettres du 3 novembre et définitivement fixée par lettres (4) du 3 décembre 1540. Comme pour tous les grands procès d'alors, cette juridiction fut une commission extraordinaire. Elle était composée du chancelier Poyet, président ; François Montholon et Bertrand, présidents au Parlement de Paris ; Damasemal, premier président à Toulouse ; Feu, président à Rouen ; deux maîtres des requêtes ; le président des enquêtes ; neuf conseillers au Parlement de Paris ; quatre con-

(1) DE MAULDE, *Procédures politiques du règne de Louis XII.*
(2) ISAMBERT, 12, p. 723.
(3) ISAMBERT, 12, p. 723.
(4) ISAMBERT, 12, p. 723.

seillers de Toulouse ; d'Argentré, le sénéchal de Rennes, et un maître des requêtes de Bretagne. Cette manière de composer un tribunal d'exception est absolument contraire aux principes de notre droit public actuel ; elle ne l'était en rien à ceux du XVIe siècle. A ce moment, nos légistes considéraient le roi comme la source de tout pouvoir (1). D'après le droit constitutionnel moderne, le pouvoir, c'est-à-dire la souveraineté, réside dans la Nation : le chef de l'État, les ministres, les fonctionnaires de tout ordre ne sont que les organes chargés d'exercer une ou plusieurs des fonctions du pouvoir. Chacun d'eux n'a, en règle générale, dans ses attributions qu'une de ces fonctions ; et, d'autre part, même dans les limites de cette fonction, il ne peut déléguer son autorité ni ses pouvoirs, car il n'en est pas la source, et la Constitution ne fait que lui en confier l'exercice.

Le roi absolu de notre ancien droit, au contraire, avait en lui la source de tous les pouvoirs : exécutif, législatif, judiciaire. Il pouvait dès lors, ou les exercer par lui-même, ou en confier l'exercice à des mandataires ; sa volonté seule fixait l'étendue du mandat, qu'il pouvait d'ailleurs révoquer *ad nutum*. François Ier avait donc parfaitement le droit de soustraire aux juges ordinaires

______

(1) « Toutes les juridictions sont en la puissance du prince, pour en user ainsi que bon lui semble » (Poyet), rapporté par Porée.

l'amiral Chabot et de former pour examiner son procès une commission extraordinaire. Cette manière de procéder n'était pas une innovation. Ainsi, dans l'affaire du maréchal de Gié, dont nous avons parlé plus haut, des lettres patentes du 14 mars 1504 (1505) dessaisirent le grand conseil devant lequel la cause était pendante et qui avait déjà rendu plusieurs arrêts préparatoires ; elles renvoyèrent l'affaire [au Parlement de Toulouse et nommèrent « conseillers à ladite Cour, pour cette matière seulement », des magistrats d'autres ressorts (1).

La commission créée par les lettres patentes du 3 décembre 1540 se réunit à Melun. Il semble que le roi ne lui ait donné pouvoir que d'émettre un avis, se réservant de prononcer l'arrêt définitif ; c'est du moins ce que nous fait croire un passage des lettres royales du 8 février 1540, aux termes desquelles : les membres de la commission ayant pris connaissance des pièces du procès « et sur ce à grande et mûre délibération donné leur avis et conseil par jugement définitif, et icelui envoyé par devers nous (le roi) ; après lequel par nous vu et mûrement entendu en tous ses points et articles, savoir faisons que nous avons dit et déclaré, disons et déclarons par notre arrêt et jugement définitif, icelui Chabot être atteint... etc., etc. (2) ».

(1) De Maulde, p. 339.
(2) Isambert, 12, p. 724.

La commission jugea, suivant l'usage, sur pièces écrites ; les mêmes lettres royales nous apprennent en effet qu'elle a « vu et visité ledit procès criminel, informations, interrogatoires, confessions et dénégations, récolements et confrontations..... plusieurs titres, lettres et enseignements, et tout ce qui a été mis par-devers (elle), tant par Chabot que par son secrétaire... et la déclaration par nous (le roi) faite sur aucuns faits dudit procès ». Le roi avait, on le voit, poussé la passion jusqu'à déposer lui-même, ce qui, paraît-il, était jusque-là sans exemple.

Chabot fut ensuite « ouï » ; il n'eut donc pas d'avocat, conformément à l'article 162 de l'ordonnance de Villers-Cotterets ; nous avons montré en son lieu et place que cet article ne consacrait pas une rigueur nouvelle. La preuve de cette assertion nous est encore fournie par le procès du maréchal de Gié ; un extrait des registres du Parlement de Toulouse nous montre en effet que le samedi 21 juin 1505, « Robin pour le procureur général dit qu'il n'est pas d'usage d'accorder un conseil à un criminel, et que la cour doit interdire aux avocats de le défendre (1) ». Le Parlement de Toulouse, Parlement de droit écrit, repoussa ces conclusions ; mais son refus de se conformer à l'usage admis en pays de coutumes, n'empêche pas que cet usage n'ait existé.

Après en avoir ainsi examiné la forme, passons

(1) De Maulde, p. 423.

au fond du débat, Poyet avait, paraît-il, trouvé dans l'information secrète jusqu'à vingt-cinq délits, qui, tous, méritaient la mort. D'autre part, la plupart des historiens, fort sévères pour le chancelier, prétendent que l'accusation se réduisait contre l'amiral au seul fait d'avoir levé sur les pêcheurs de harengs un droit de quelques sous. L'arrêt de condamnation va nous édifier à ce sujet.

Cet arrêt déclare Chabot coupable d'un grand nombre de forfaitures commises, les unes en sa qualité d'amiral, les autres en sa qualité de gouverneur de provinces, d'autres enfin en celle de membre du conseil privé.

Les chefs d'accusation contre l'amiral étaient au nombre de cinq, savoir:

1. D'avoir, en 1536 et 1537, malgré la défense expresse du roi, levé certains droits sur les pêcheurs et bateaux partis des côtes de Normandie pour aller à la pêche aux harengs et aux maquereaux. Ces droits avaient été exigés « sous ombre de sauf-conduit venant de la part de l'amyral des Flandres », c'est-à-dire de Charles-Quint, tandis que l'empereur et François Ier avaient, par un traité, reconnu « aux sujets de l'un et de l'autre » liberté entière de se livrer à cette pêche « comme en temps de paix ».

2. D'avoir reçu de l'ambassadeur du Portugal des sommes importantes « sous couleur de composition faite au nom de Jehan Ango, vicomte de Dieppe ».

3. D'avoir reçu des présents d'armateurs sollicitant des lettres de marque contre le Portugal.

4. D'avoir extorqué à divers armateurs des obligations onéreuses, comme prix « du congé qu'il leur octroya, pour aller ès terres de l'Afrique... »

5. D'avoir illicitement levé un « nouveau tribut pour chacune prise de sel », ainsi qu'un droit « sur les marchands allant en voyage en la côte de Normandie ».

Pour comprendre ces divers reproches, il faut se rappeler ce qu'était au XVIᵉ siècle la charge d'amiral de France. Cette charge était alors un des principaux offices de la couronne, mais elle présentait cette particularité qu'elle était, avec celle de connétable, le dernier vestige des grands offices féodaux. L'amirauté était un fief (1), mais un fief en l'air, en ce sens que, contrairement à la maxime « pas de seigneur sans terre », elle ne consistait pas en un territoire. Ce fief comportait des droits et des obligations. Son titulaire devait au roi un certain service d'ost : d'une part il était tenu d'armer un certain nombre de vaisseaux et de « convoyer à sûreté nos sujets et autres marchands, nos alliés et amis (2) » ; d'autre part, il devait veiller à l'entretien et à la police des ports

____

(1) « L'office d'amiral de France semble être tenu à foi et hommage, et être fief à vie. » Du Tillet, *Recueil des rois de France*, p. 399.

(2) *Édit d'Abbeville*, juillet 1517. Isambert, 12, nᵒ 137, art. 28 et 29.

et à la défense des côtes ; il devait maintenir le bon
état de navigabilité du littoral. L'amiral était en
conséquence chef « des armées et entreprises qui
se faisaient par mer (1) » ; il en avait « la charge
et le gouvernement, tant pour les habillements de
guerre que pour l'artillerie, gens, munitions et
victuailles (2) ». En outre, l'amiral avait des droits
de police et de juridiction fort étendus sur la
marine marchande. Tout navire français devait
porter ses « bannières, étendards et enseignes (3) ».
L'amiral avait « la connaissance, juridiction et
définition de tous délits et différents qui advien-
nent... tant pour raison des contrats faits et
passés pour le fait de la guerre (maritime), pour
le fait de ladite marchandise (commerce maritime)
ou pêcherie, qu'autres choses quelconques qu'elles
soient, soit civiles ou criminelles, qui concerne-
ront, toucheront et dépendront du fait de ladite
mer ; et autre que lui n'en peut ne doit connaître (4) ». Un navire ne pouvait entrer dans nos
ports sans l'autorisation des officiers de l'amirauté,
et le capitaine devait se présenter immédiatement
à ces officiers qui pouvaient l'interroger sur son
voyage. L'amiral seul, enfin, pouvait accorder aux
corsaires des lettres de marque (5) ; aux armateurs l'autorisation de faire les voyages au long

(1) Art. 14.
(2) Art. 23.
(3) Art. 19.
(4) Art. 15.
(5) Art. 1.

cours (1) ; aux pêcheurs de harengs ou maquereaux les sauf-conduits qui pouvaient leur être
nécessaires. Naturellement tous ces pouvoirs
étaient la source de grands revenus, qui, outre les
taxes afférentes aux congés, sauf-conduits et
autorisations, comprenaient une part dans les
rançons et les prises (le dixième), la plus grande
part des profits de justice, la moitié du produit de
la vente des vaisseaux naufragés et des bijoux
trouvés sur les cadavres, lorsque la valeur n'en
était pas réclamée dans le délai d'un an et jour ;
la moitié des épaves trouvées sur le rivage ou le
tiers de celles trouvées en mer si elles n'étaient
pas restituées dans le même délai ; la totalité des
droits d'ancrage et de balisage. L'amiral souvent
ne se contentait pas de ces droits pourtant si productifs, il abusait de sa situation — qui échappait
presque entièrement au contrôle du roi — pour
percevoir indûment des redevances du genre de
celles qui amenèrent la condamnation de Chabot.
Déjà Charles VI s'élevait contre ces abus dans
l'ordonnance (2) du 7 décembre 1400 dont l'article 15 est ainsi conçu : « Pource que notredit
amiral prétend avoir plusieurs droits, libertés et
proffits à cause de sondit office, outre son dixième
et proffits communs de la guerre, tant à nos
armées que autrement, qui semblent être exces-
sifs et peu fondés en raison..... »

(1) Art. 22.
(2) Isambert, 6, 846.

Pour terminer, disons que s'il n'y avait qu'un amiral de France, son autorité ne s'étendait pas sur tout le royaume, mais seulement, au xvi⁰ siècle, sur les côtes de Calais au Mont-Saint-Michel. Les gouverneurs de Bretagne, de Guyenne et de Provence s'attribuaient le titre d'amiral de la province placée sous leur commandement ; mais ils devaient abattre leur pavillon devant celui de l'amiral de France.

Passons maintenant aux accusations contre Chabot en tant que gouverneur de la Bourgogne. Cette seconde série de griefs peut se ramener à quatre principaux, qui sont :

1. D'avoir employé à son usage personnel des sommes destinées à des services publics.

2. D'avoir indûment levé et mal réparti des impôts, exigé des corvées, établi des traites ou douanes.

3. D'avoir violé les libertés municipales de la ville de Dijon, destitué et remplacé par force les magistrats élus de cette ville.

4. D'avoir entravé le cours régulier de la justice, favorisé les excès de ses soudards, tenu plusieurs habitants en prison privée, prononcé des condamnations illégales et arbitraires, et enfin de s'être opposé à l'exécution d'arrêts donnés contre lui en matière civile.

Nous sommes, on le voit, bien loin du simple grief dont parlent presque tous les historiens, et l'on a peine à croire aujourd'hui à la possibilité de tels faits. Mais au XVIᵉ siècle, messieurs les gouverneurs de provinces étaient de tout-puissants personnages.

L'origine de l'institution des gouverneurs est mal connue et fort ancienne : au temps de la guerre de Cent ans, le territoire de la France était partagé entre un certain nombre de gouverneurs et lieutenants, qui avaient pour mission de défendre une région plus ou moins étendue, et par conséquent d'y exercer tous les pouvoirs militaires et même, quand c'était nécessaire, une partie des pouvoirs d'administration civile. Au début du XVIᵉ siècle, les gouverneurs furent maintenus, et même multipliés, par favoritisme plutôt que par nécessité. Leurs pouvoirs n'étaient réglés par aucune ordonnance, tout dépendait de leurs lettres de commission. En principe, ils ne devaient avoir que des pouvoirs militaires, mais souvent, à leurs titres de gouverneur, ils joignaient, comme Chabot, celui de lieutenant général du roi, dont ils se trouvaient ainsi les représentants directs dans la province. Souvent ils étaient chargés en cette qualité de convoquer les États provinciaux (1) ou les corps municipaux. D'autre part, ils étaient choisis uniquement dans la haute noblesse ou parmi les favoris du roi ; par leur nom, leurs relations, leur fortune, ils jouissaient dans leur gouvernement d'une autorité qui éclipsait celle des autres officiers royaux. Ils

(1) Isambert, 12, p. 727, 731, 735.

empiétaient sans scrupule sur les pouvoirs civils (1), excerçant la police, levant des impositions, nommant aux offices, s'arrogeant le droit de juridiction, condamnant sans appel à des peines afflictives, ou bien accordant des grâces et des rémissions qui arrêtaient l'action des tribunaux répressifs. Ils vont bientôt, à la faveur des guerres de religion, tenir tête au roi, considérer leurs gouvernements comme des fiefs. Henri IV devra leur reprendre son royaume à grand'peine et souvent à prix d'argent. François Ier, déjà éclairé sans doute par le présent procès, prit quelques mesures contre les trop puissants gouverneurs et lieutenants généraux. Outre les dispositions contenues en l'arrêt de condamnation du 8 février 1540 et défendant pour l'avenir les abus dont Chabot est déclaré coupable, le roi prit contre eux deux ordonnances (2), l'une du 22 mai 1542, l'autre du 6 mai 1545 ; la première révoque tous les gouverneurs en exercice, sauf à les rétablir par lettres de commission nouvelles ; la seconde réservant aux douze gouverneurs des provinces frontières le titre de lieutenants généraux, et par conséquent retirant aux autres gouverneurs toute prééminence sur les fonctionnaires civils, baillis et sénéchaux.

Arrivons enfin au troisième ordre de griefs

(1) Du Tillet, *Recueil des rois de France*, p. 428 et 429, relate les excès habituels des gouverneurs de provinces.

(2) Isambert, 12, pages 779 et 892.

invoqués contre Chabot, en sa qualité de membre du conseil privé. Ce sont des accusations de vénalité ; on reprochait à Chabot d'avoir à plusieurs reprises reçu des sommes d'argent de solliciteurs pour arrêter des procès dirigés contre eux, ou pour leur faire obtenir des emplois et des charges de judicature. Le conseil privé dont il s'agit ici est le conseil du roi proprememt dit, par opposition au grand conseil qui s'en était détaché en 1497. Pour faire comprendre ces accusations, donnons quelques explications sur ce conseil.

Il procédait directement de l'ancienne *curia regis* des premiers Capétiens, assemblée de prélats, de barons, de grands officiers de la couronne, et finalement de légistes, qui délibéraient avec le roi sur toutes les questions politiques, religieuses, judiciaires et administratives. La multiplication des affaires et le besoin de spécialisation détachèrent successivement de cette *curia regis* le Parlement et la cour des comptes en 1302, et le grand conseil en 1497 : ce dernier étant un véritable tribunal. Malgré ces démembrements, le conseil, ou plus exactement le roi en son conseil, conserva la plénitude de ses attributions, conséquence du principe déjà vu, suivant lequel tout pouvoir émane du roi, qui le retient à son gré ou le délègue comme il lui plaît. Il est facile de voir quels pouvoirs et quelle influence avaient, quoique assez nombreux, les membres du conseil privé. Chabot faisait de droit partie de ce conseil en sa qualité d'amiral. Outre les membres de droit (princes du sang et grands officiers de la couronne), le conseil comprenait des personnages appelés à y siéger par la désignation du roi, et enfin quelques officiers chargés de tenir les registres et de délivrer les brevets et expéditions.

Voilà donc le résumé des accusations dirigées contre l'amiral Chabot de Brion, telles que nous les révèle l'édit du 8 février 1540; le même édit déclare ces accusations bien vérifiées et contient la condamnation de l'accusé. Cet arrêt est remarquable à plusieurs titres.

Nous avons déjà vu qu'il est rendu par le roi et non par la commission chargée d'examiner le procès.

D'autre part, ce jugement est en même temps une loi destinée à empêcher pour l'avenir le retour des abus qui s'y trouvent dénoncés. Quelques-unes de ses dispositions étaient fort importantes : remarquons la défense aux trésoriers royaux de verser aucune somme « sans mouvement de düement expédié » — et encore de « prendre charge » d'autres que le roi, défense qui n'était pas inutile, car bien souvent auparavant, des officiers royaux acceptaient en même temps des fonctions pour le compte des grands seigneurs, à la merci desquels ils se trouvaient ainsi. Citons encore la défense, si peu observée même par le roi, « à toutes personnes de quelque qualité ou condition qu'ils soient, de rien prendre, bailler ou recevoir pour la provision des offices de judicatoire... (1) » ; la défense aux gouverneurs, sous peine de lèse-majesté, « de ne prendre aucune chose des pays dont ils sont gouverneurs, soit à la séance des États ou autrement (2) » ; ou encore « de ne soy aucunement entre mestre au faict de la justice ordinaire (3) ». Remarquons encore la disposition finale, qui semble bien étrangère à la matière : « que dorénavant les assemblées des États dudit pays et duché de Bourgogne ne se feront plus séparément en trois diverses chambres, mais se assembleront lesdits États en une même et seule chambre, et délibèreront ensemble en ladite chambre pour obvier à tous abus ».

Notre arrêt est encore intéressant en ce que les différents crimes y sont punis séparément de peines spéciales entre lesquelles il n'y a pas confusion, en sorte que la condamnation définitive est égale au total de toutes les condamnations prononcées à divers titres ; la somme de toutes les amendes est ici de quinze cent mille livres. Ajoutons-y (4) la privation, pour le présent et dans l'avenir, de tous les honneurs, offices et dignités ; la confiscation et réunion à la couronne de tous les biens du coupable, enfin l'internement ce celui-ci au château de Vincennes, dont il sortira cepen-

(1) Page 732. ISAMBERT, 12.
(2) Page 736.
(3) Page 739.
(4) Page 742.

dant pour se voir conduit en Bourgogne et en Normandie, où ceux qui auront été lésés par lui pourront venir présenter leurs réclamations et recevoir les indemnités auxquelles ils auraient droit.

Telle était la condamnation prononcée pour les nombreux crimes de l'amiral ; elle n'était pas empreinte d'une excessive sévérité, étant donné la gravité des faits allégués et surtout la rigueur de notre ancien droit pénal.

L'arrêt reçut un commencement d'exécution : l'amiral demeura en prison et ses biens furent réunis à la couronne.

Mais la faction du duc d'Orléans n'oubliait pas son chef et au bout d'un an, la duchesse d'Étampes, maîtresse du roi, obtint de celui-ci la révision du procès. Les mêmes commissaires, après un nouvel examen, déclarèrent (1) l'amiral Chabot innocent « du crime de lèse-majesté, prodition ni machination à l'encontre de la personne du roi, notre seigneur, ni contre l'état de la république de son royaume ». Cette déclaration avait la prétention de ne pas être en contradiction avec les termes de l'arrêt du 8 février 1540, lequel ne parlait que des « infidélités, déloyautés, désobéissances, oppression de peuple, force publique, conclusions, oppressions, ingratitude, contemnement et mépris des commandements du roi, offense, entreprise sur

---

(1) Le 19 mars 1541 (avant Pâques, donc plus d'un an après la condamnation). Isambert, 12, p. 774.

son autorité (1) ». C'est bien du reste ce qu'entendait le roi, car à la suite de cette seconde déclaration, il accorda des « Lettres d'abolition en faveur de l'amiral Chabot (2) », enregistrées au Parlement le 5 avril suivant. Ces lettres « tiennent pour insérés de mot en mot... le premier procès, avis ou jugement et ce qui s'en est ensuivi, comme de ce étant bien records et mémoratifs, et chose que nous avons pleinement et entièrement entendue ». Puis, après avoir invoqué à l'appui du premier jugement, la nécessité de la justice sur tous les « sujets de quelque qualité qu'ils soient », le roi se déclare enclin « à bénignité et clémence, vertus plus décentes à rois et princes que à nuls autres » ; aussi, « en considération des bons, grands, vertueux, louables et recommandables services » de son « très cher et très amé cousin » et par « grâce spéciale », il fait remise au condamné de toute sa peine, le remet en possession de ses biens, honneurs et dignités.

Et ce qui prouve encore qu'il s'agit bien d'une grâce, d'une faveur et non d'une mesure de justice, c'est que pour restituer à Chabot les biens qui lui avaient été confisqués, le roi dut auparavant (3), le 7 novembre 1541, révoquer deux

---

(1) Et pourtant au xvi⁰ siècle, le crime de lèse-majesté avait pris un développement tel qu'il embrassait tous les actes attentatoires aux principes du droit public : capitulations militaires, procédures d'abus contre les évêques, abus financiers.

(2) Isambert, 12, p. 773.

(3) *Procès du chancelier Poyet,* p. 303.

édits (1) du 21 septembre 1535 et du 26 juillet
1539, celui-ci portant qu'à l'avenir, il ne serait fait
aucun don des amendes et confiscations et annu-
lant d'avance ceux qui pourraient, en dépit de la
prohibition, être arrachés au roi « par importu-
nité, surprise, déguisement ou autrement ». Si le
jugement de 1540 avait été cassé purement et simplement, la réunion à la couronne aurait été répu-
tée n'avoir jamais eu lieu ; il n'eût pas été besoin
d'invoquer « la révocation de ladite ordonnance
depuis faite en l'an 1541 (2) ».

D'ailleurs, quand la veuve de l'amiral Chabot,
se portant partie civile au procès intenté plus
tard à Poyet, demanda la nullité du jugement
de 1540, ses prétentions furent repoussées, quant
au fond, et admises seulement pour quelques
phrases de l'arrêt, déjà modifiées par les lettres
de 1541 (3).

Cette observation nous amène à l'examen de la
culpabilité de Chabot. Si l'amiral eût été innocent,
est-il admissible qu'il se fût contenté de lettres de
grâce, achetant ainsi sa liberté au prix de son
honneur ? Une fois rentré en faveur, après la
disgrâce de Montmorency et de Poyet, il lui eût
été bien facile d'obtenir une véritable réhabilita-
tion. Puis les faits sont dans l'arrêt relatés avec
trop de détails, avec les dates, noms et circons-

(1) Isambert, 12, p. 573.
(2) Isambert, 12, p. 775.
(3) Isambert, 12, n° 395.

tances, pour ne pas avoir été prouvés. D'autre part, ils étaient si communs à cette époque « qu'ils semblaient en quelque sorte autorisés par l'usage (1) ». Enfin, et cette considération rend les autres inutiles, Chabot avait avoué, « ses réponses furent plutôt une excuse qu'une justification » ; le passage suivant d'un auteur fort sévère pour Poyet va nous en convaincre. « Il répondait... que les frais de l'amirauté étant devenus plus considérables depuis que la navigation avait pris des accroissements, il s'était cru suffisamment autorisé par sa charge à y pourvoir ; que l'augmentation qu'on lui reprochait était si peu onéreuse au public que personne jusqu'à ce jour ne s'en était plaint ; qu'au reste il n'avait fait qu'user de ses droits et que jamais on n'avait disputé à ses prédécesseurs le privilège de rendre de semblables ordonnances ; et... que les droits réservés pour l'entretien des places fortes étant à la disposition du gouverneur, étaient censé avoir rempli leur destination toutes les fois que les fortifications de ces places n'étaient point dégradées ; qu'en comparant l'état actuel des places de la Bourgogne avec celui où elles se trouvaient lorsqu'il prit possession de ce gouvernement, on se convaincrait qu'il ne méritait aucun reproche à cet égard ; qu'au reste on ne pouvait raisonnablement exiger ni de lui ni d'aucun de ses pareils qu'ils justifiassent chaque article de recette et de dépense,

(1) GARNIER, *Histoire de France*, XXV, p. 262.

puisque leur métier n'était pas de tenir des registres (1) ».

Et si l'amiral Chabot était coupable, comment expliquer les invectives des historiens contre le chancelier Poyet « tigre altéré de sang... vil esclave de la fortune, lâche flatteur, âme de boue capable des plus basses manœuvres (2) » ? Nous l'apprenons par l'étude du procès fait à ce dernier, commencé en 1542 et fini en 1545, dans lequel les « prévarications commises dans le procès de l'amiral Chabot » formaient à elles seules soixante chefs d'accusation.

Examinons cette question dès maintenant pour n'avoir plus à y revenir.

Les soixante chefs d'accusation peuvent facilement se ramener à quatre principaux. Poyet était ainsi accusé :

1° D'avoir exercé une pression sur les juges, en leur disant « que le roi ne ferait grâce au dit feu amiral et que le jugement qui serait à l'encontre de lui donné serait exécuté » ; et une autre fois, en les menaçant et déclarant à l'un d'eux « qu'il prenait grand'peine à sauver ledit amiral, si était à la Tournelle on l'envoyerait au gibet (3) ».

2° D'avoir altéré l'avis de la commission, en y introduisant les mots « infidélités et déloyautés », et d'avoir obligé les juges à signer le texte faussé.

---

(1) GARNIER, XXV, p. 260.
(2) *Histoire du procès de Poyet*, p. 126 et 127.
(3) *Procès de Poyet*, p. 294.

3° D'avoir rendu l'arrêt à l'insu du roi, en y insérant, sans la volonté de celui-ci, des clauses lui interdisant le rappel de l'amiral et la disposition des biens confisqués.

4° D'avoir statué dans l'arrêt *ultra petita*, et d'avoir condamné Chabot à la « réunion et reversion, amendes particulières et autres choses mentionnées audit procès », alors que les conclusions étaient seulement « de privation d'état, confiscations de biens et confinement ».

Dans sa défense, dont l'histoire de son procès nous donne un résumé semé, selon la mode du temps, de citations latines et d'exemples tirés de l'histoire ancienne, Poyet répond à ces différents griefs.

Il commence par une justification générale. Il invoque les termes des lettres d'abolition, déclarant le jugement de 1540 « saint et juste » ; il fait remarquer — ce que nous avons déjà dit — qu'un innocent ne se serait pas contenté de demander sa grâce. Il déclare ensuite que seuls les juges qui furent avec lui membres de la commission de Melun ont pu témoigner des faits incriminés ; or, en agissant ainsi, ces juges ont violé le secret professionnel, le serment qu'ils avaient fait de ne rien révéler ; ils sont à la fois « témoins, accusateurs et délateurs... auxquels pour cette occasion foi ne devrait être ajoutée ». Il se défend enfin d'avoir agi par cupidité ; il cite deux circonstances, où il aurait pu poursuivre des

falsifications de lettres patentes (le chancelier
avait le profit des condamnations pour falsifica-
tion du sceau), et où il ne l'avait point fait.

Poyet examine ensuite chacun des chefs d'accusation. Au sujet des manœuvres de pression et
des propos qu'on lui reprochait, il dut les avouer,
tout en essayant d'en diminuer la gravité, et prétendit n'y voir que « *nugae et nihil ad crimen* ».
Nous ne pouvons ici partager son opinion, en
présence des dépositions accablantes des juges qui
furent l'objet de ces pressions.

Sur le second chef, Poyet invoque la déposition
de Mᵉ Martin Fumée, maître des Requêtes ordinaire de l'hôtel du roi, suivant laquelle « à la
dernière assemblée que le roi fit fairepour savoir
si ledit feu amiral avait commis crime de lèse-
majesté *in primo capite*, les juges qui furent
assemblés demandèrent voir leurs premières opi-
nions; ledit Fumée leur dit qu'elles avaient été
jetées au feu, néanmoins délibérèrent tous ceux qui
furent appelés en la dernière assemhlée, qu'ils ne
trouvaient lèse-majesté *in primo capite*; mais
qu'il y avait infidélité et félonie... et s'ils n'étaient
de cet avis à Melun, pourquoi plutôt en pouvaient-
ils être à la dernière assemblée (1) » ?

A l'accusation d'avoir prononcé le jugement à
l'insu du roi, Poyet répond d'abord en faisant
remarquer que, comme nous l'avons déjà vu plus
haut — c'est François Iᵉʳ lui-même qui a rendu

(1) Procès, p. 307.

l'arrêt définitif, par l'ordonnance du 8 février 1540, qu'il a signée de sa propre main. Même le chancelier n'était, dit-il, pas à Melun lorsque le jugement fut prononcé, et ce fut le roi qui donna l'ordre à Fumée « de faire grossoyer ledit arrêt pour prononcer ». D'autre part, un mois après la condamnation, le 12 mars 1540, François Iᵉʳ fit expédier « la restitution dudit feu amiral » dont la minute fut transmise à la commission réunie pour le second jugement : si le roi n'avait pas connu l'arrêt, comment aurait-il pu ordonner cette « restitution » ? Poyet va plus loin et déclare que non seulement le roi, mais encore l'amiral lui-même étaient au courant de ce qui se passait, « et s'il eût sceu que le roi n'eût voulu ladite prononciation, aurait eu moyens assez pour l'empêcher ». Quant à la clause refusant au roi la libre disposition des biens confisqués, elle est conforme aux ordonnances de Fontainebleau 1535 et Meaux 1539, dont nous avons déjà parlé.

Sur le quatrième reproche, d'avoir ajouté aux conclusions la réunion et reversion à la couronne, le chancelier déclare que « la réunion ne devait être trouvée étrange ; car autrefois avait été fait ès-maisons d'Alençon et de Bourbon, même des choses qui n'étaient de l'apanage de France, mais de leurs acquisitions » ; c'est la confiscation en cas de lèse-majesté, et nous savons qu'elle était alors de droit.

Telle fut la défense de Poyet. Elle nous laisse convaincu que, si on ne peut l'accuser d'avoir sacrifié un innocent à sa haine, le chancelier joua dans cette affaire un rôle indigne du premier magistrat de France. Sous le couvert de la justice et de l'intérêt public, il poursuivit en réalité un ennemi personnel ; ce procès fut une intrigue de cour, une des phases de la lutte entre les deux partis rivaux à la cour. Poyet reçut d'ailleurs le juste châtiment de sa conduite, car il fut lui-même, peu de temps après, victime aussi peu innocente d'une autre commission ; mais tandis que Chabot dut aux lettres de grâce qu'il obtint en 1541 de passer pour un martyr, la postérité poursuivit au contraire la mémoire du chancelier d'un mépris peut-être exagéré ; ils étaient, quant à nous, tout aussi coupables l'un que l'autre.

CHAPITRE V

Procès fait au chancelier Poyet

Le chancelier Poyet avait été arrêté à Argilly,
au mois de juillet 1542 et interné à la Bastille ; le
3 avril 1543, avant Pâques (1), le roi donna
l'ordre de procéder au jugement de son procès :
l'instruction avait donc duré dix-huit mois.

Ce fut, suivant les pratiques du temps, une
commission extraordinaire qui se trouva chargée
de cette affaire. Nous avons déjà eu l'occasion de
parler de ces commissions, nommées en vertu du
principe que toute justice émane du roi, et que
celui-ci peut à volonté la retenir ou la déléguer à
qui lui plaît. « Ces commissaires peuvent être
choisis indistinctement dans tous les ordres de
citoyens ;... ils sont dispensés d'examen, d'information de mœurs et de prêter serment. Le choix
du prince tient lieu de toutes ces formalités,
parce qu'ils ne sont que des mandataires qui
agissent au nom de celui qui les a commis (2) ».
Dans l'espèce, la commission était adressée à des
conseillers de divers Parlements et cours souve-

(1) Le 3 avril 1544, nouveau style.
(2) *Encyclopédie méthodique : jurisprudence* au mot : *Commissaires*.

raines, mais surtout du Parlement de Paris. Elle était parfaitement conforme au droit public du temps, malgré les prétentions des chanceliers qui s'étaient toujours « voulus exempter de tous juges, sauf de la cour de céans (le Parlement de Paris) toutes les chambres assemblées (1) », malgré l'édit (2) du 27 juillet 1527, déclarant que le Parlement n'avait « aucune juridiction ni pouvoir sur le chancelier de France, laquelle appartient audit seigneur et non à autre ». C'est ce que pensa la commission, qui se reconnut et se déclara compétente : « Il a plu audit seigneur de laisser le jugement... à la cour (3) ».

Pour éviter que ce procès ne retardât l'expédition des affaires courantes au Parlement, quatorze ou quinze conseillers seulement furent choisis à Paris ; neuf ou dix autres furent pris en province, de manière à ce qu' « à la définition et conclusion dudit procès il en demeure pour le moins vingt-quatre (4) ». Les lettres de nomination reconnaissaient à Poyet le droit de récuser ceux des juges qui lui seraient suspects, droit dont le chancelier paraît avoir usé (5). Les gens du roi firent aussi quelques récusations ; d'autre part plusieurs magistrats s'excusèrent d'eux-mêmes, soit comme

(1) *Histoire du procès de Poyet,* p. 142.
(2) Girard. — *Prois livres des Offices de France.* — Additions au 2ᵉ livre, p. 253.
(3) Procès, p. 146.
(4) Procès, p. 135. — Lettres du 3 avril 1543.
(5) Procès, p. 274.

amis de l'accusé, soit comme familiers de l'amiral Chabot, de sorte que la liste définitive ne se trouva composée qu' « après beaucoup d'allées et venues ». C'est que l'exemple encore tout récent du procès de Chabot, condamné, puis aussitôt rétabli en grâce, montrait le danger qu'il pouvait y avoir, avec un prince capricieux comme François Ier, à faire partie d'une telle commission, et surtout à y tenir un rôle prépondérant (1).

C'est ainsi que le premier président Lizet se récusa, de même le président de Saint-André ; le troisième président tomba malade à la seconde audience; le procureur du roi, Brulart, se défendit de prendre la parole, de même que l'avocat du roi, Marillac ; Gilles Le Maître, autre avocat du roi, ne parut même pas à l'audience. Il fallut confier le ministère public à deux magistrats assis et à un simple avocat : Me Pierre Rémond (2), premier président au Parlement de Rouen; Claude Bourgeois, président aux Requêtes du Palais, à Dijon ; Nicolas Martineau, avocat en la cour du Parlement de Paris ; toujours par application du principe que le mandat royal peut s'adresser à n'importe quel

(1) Au procès de Chabot, certains juges « regardaient sous les lits et dedans une caisse à bois qui était au lieu où lesdits juges s'assemblaient, et étaient d'avis que l'on mît garde dedans le jardin de ladite maison, afin qu'on n'ouït les délibérations par une fenêtre qui était répondante sur ledit jardin ». Procès, p. 302.

(2) Rémond était une créature de la duchesse d'Etampes, et Bourgeois un pensionnaire de Chabot. Parrot : *Messire Guillaume Poyet*, p. 32.

citoyen. Les avocats du roi n'étaient d'ailleurs point encore tout à fait des fonctionnaires, mais plutôt des avocats ordinaires auxquels le roi donnait sa clientèle, des avocats pensionnaires du roi comme il y avait des avocats pensionnaires des seigneurs et grands personnages : en 1526, François Ier rendait à son avocat, Pierre Lizet, le droit de consulter et de plaider pour les particuliers, droit auquel ce fameux jurisconsulte avait renoncé, moyennant une pension annuelle de 500 livres « outre ses gages ordinaires (1) ».

La liste des juges de Poyet fut enfin définitivement constituée; la commission se réunit le 24 avril 1544 et se déclara compétente comme « représentant toute la cour du Parlement (2) ». Faut-il voir dans ces quelques mots une origine lointaine de la fameuse théorie « des classes », d'après laquelle tous les Parlements de France ayant été successivement démembrés de celui de Paris, devaient être considérés non comme des corps distincts, mais bien comme les diverses classes d'un Parlement unique? Ou n'est-ce pas plutôt — nous en sommes convaincu — l'anonyme « historiographe sans gages et sans prétentions », contemporain (3) des fameuses luttes entre les Parlements et Louis XV, qui mit cette phrase en relief dans le texte et prétendit l'inter-

(1) ISAMBERT, 12, no 138.
(2) Procès, p. 143.
(3) Voir la note, p. 158 du procès.

préter comme un argument en faveur des adversaires du chancelier Maupeou?

Puisque voici l'affaire commencée, examinons brièvement les particularités qu'elle peut présenter au point de vue de la procédure ; nous passerons ensuite à l'étude du fond, c'est-à-dire des griefs relevés contre l'accusé.

Le procès se déroula naturellement selon les règles posées par l'ordonnance de 1539, règles que nous avons déjà eu l'occasion d'exposer, et qui, on s'en rappelle, sont à tort considérées comme l'œuvre de Poyet.

L'affaire n'étant pas de minime importance (1), il fut procédé par voie extraordinaire. Nous avons vu que l'instruction était terminée lorsque parurent les lettres du 3 avril 1543, donnant l'ordre de passer au jugement. La commission n'allait donc avoir, pour étudier l'affaire et prononcer son arrêt, que les pièces écrites de l'information et le dernier interrogatoire de l'accusé. Un des juges était chargé d'étudier soigneusement le dossier et de faire un rapport pour éclairer ses collègues et leur permettre de voir et de comprendre rapidement l'affaire. Dans la cause, Me Jacques de Ligneris (2) fut choisi comme rapporteur. Un incident se produisit dès le début, à propos du rapport. Il était, paraît-il, de règle au Parlement de Paris que les gens du roi, c'est-à-dire les membres

(1) Ordonnance de Villers-Cotterets, art. 150.
(2) Procès, p. 136.

du parquet, n'assistassent pas au rapport, pour
laisser aux juges « plus grande liberté de disputer
et entendre les uns avec les autres la vérité du
fait et du procès », pour « obvier que l'on ne puisse
avoir intelligence et connaissance de la concep-
tion et inclination desdits juges ou d'aucuns
d'iceux (1) ». Néanmoins les procureurs Rémond
et Bourgeois et le substitut Martineau voulurent y assister dans ce procès (2) ; une lettre de
cachet fut même envoyée par le roi le 5 mai 1544
pour soutenir leur prétention, mais le Parlement
tint bon et l'ancien usage fut suivi. Cet incident
montre d'une part la tendance du roi à dicter aux
commissions extraordinaires leurs arrêts (3) et à
surveiller leur velléités d'indépendance, et d'autre
part la répugnance et l'embarras qu'éprouvaient
les membres de ces commissions, blessés dans
leur dignité professionnelle par cette sorte de surveillance et placés dans l'alternative de déplaire
au roi ou de s'attirer le ressentiment de l'accusé,
au cas où il viendrait à rentrer en grâce.

Puisque nous parlons du rapport, donnons ici
quelques détails rétrospectifs sur la manière dont
avait été formé le dossier et notamment celle dont
avaient été recueillis les témoignages lors de l'in-

(1) Procès, p. 146.
(2) Procès, p. 144.
(3) François Ier, pour rendre plus certaine la condamnation du
chancelier, avait donné d'avance au président de la commission
judiciaire les biens qui seraient confisqués sur l'accusé. PARROT,
p. 34.

formation. Les témoins se trouvaient, lorsqu'ils étaient appelés à déposer contre un puissant personnage, dans une position plus embarrassante encore que celle des juges. La crainte de l'accusé, l'incertitude de l'événement leur fermaient parfois la bouche, et le magistrat instructeur se trouvait désarmé contre eux parce qu'il était de règle « qu'un témoin était le maître de sa déposition, et que le juge devait même s'interdire de lui faire aucune question (1) ». On tournait alors la difficulté et l'on donnait contre ceux dont le témoignage était considéré comme nécessaire une assignation à comparaître, leur créant ainsi « un état mitoyen entre le témoin et l'accusé ». Le juge avait alors le droit d'interroger l' « assigné pour être ouï », sans que celui-ci fût pour cela partie au procès.

Dans l'instruction de l'affaire qui nous occupe, on assigna pour être ouïs un certain nombre de personnages.

Le roi n'avait pas les mêmes scrupules à charger ses anciens favoris disgraciés : il déposa en personne contre son chancelier, ainsi qu'il l'avait déjà fait contre l'amiral Chabot. On ne peut s'empêcher de remarquer ici l'ingratitude dont François Ier fit preuve envers la plupart de ses serviteurs qu'il disgracia presque tous et auxquels il fit payer chèrement les faveurs dont il les avait comblés sans mesure. C'était faire preuve aussi de peu de dignité que de charger en justice, fût-

(1) Procès, p. 152.

ce même un grand coupable, et de dicter ainsi aux juges leur arrêt. D'autant plus que « par la grande affluence d'affaires qu'ont les rois (1) », il est impossible qu'ils aient « mémoire et souvenance particulière à tant d'affaires qu'on leur parle (2) ».

Pour en finir avec ce qui concerne les formes de procéder employées au jugement de Poyet, remarquons l'odieuse formalité du serment « par ses saints ordres, dire vérité » imposée avant chaque interrogatoire au chancelier. Cette rigueur ne se trouvait pas dans l'ordonnance de 1539, mais elle résultait d'un usage déjà bien ancien (3).

Nous en arrivons ainsi, conformément à notre plan, à l'étude du fond du procès ; nous allons examiner et expliquer les accusations portées contre le chancelier Poyet. Nous les exposerons dans l'ordre où elles nous sont présentées par l'« Historiographe sans gages et sans prétentions », en laissant de côté toutefois les « prévarications commises dans le procès de l'amiral Chabot », dont nous avons parlé dans le chapitre précédent. Mais avant tout, et pour faciliter la compréhension de ces accusations, voyons rapidement quelles étaient les fonctions et les pouvoirs de Poyet, comme chancelier.

Le chancelier de France était au XVIᵉ siècle un

---

(1) Procès, p. 325.
(2) Procès, p. 170.
(3) ESMEIN, *Histoire de la procédure criminelle*, p. 142.

véritable premier ministre, dont les attributions embrassaient l'ensemble des divers services publics.

Ses pouvoirs, restreints, sous la seconde race des rois de France, à la rédaction et à l'expédition des actes royaux, reçurent sous la troisième race une extension fort considérable. Au XIVe siècle, le chancelier avait trois fonctions principales (1) : il était chargé de voir, corriger, examiner et sceller les « lettres royaux (2) » ; il était le chef de la justice ; il avait enfin la disposition des offices, c'est-à-dire des fonctions publiques. Au XVe siècle, il se vit accorder de nouvelles attributions très importantes : à savoir la présidence du conseil du roi, qui lui donnait la haute main sur tous les actes du gouvernement ; ainsi, par exemple, c'est le chancelier qui signe le traité d'Arras (1435), qui rédige l'édit des rentes de 1441, qui réduit les villes de Rouen et de Bordeaux en 1451 (3). Sous Louis XI, les lettres de nomination du chancelier Doriolle, énumérant les titres du nouvel élu (4), font ressortir sa compétence tant en « fait de jus-

---

(1) GIRARD, *Trois livres des Offices de France*, p. 234 : Édit de 1356, de Charles V, dauphin.

(2) Ce contrôle était assez réel et efficace sous la monarchie tempérée de Charles V à Louis XI : le chancelier devait refuser de signer les actes contraires aux ordonnances, et comme à cette époque il était élu par le Parlement (GIRARD, p. 236), il gardait une certaine indépendance vis-à-vis du roi.

(3) GIRARD, additions au 2e livre, p. 234.

(4) Élu, c'est-à-dire choisi par le roi, car Louis XI rompit avec l'ancien usage de l'élection du chancelier par le Parlement. — *Encyclopédie méthodique : jurisprudence,* au mot *chancelier.*

tice que de finances », affaires étrangères « et autres (1) ». Au XVIᵉ siècle, le chancelier était en quelque sorte le prolongement de la personne du roi (2), et après lui le premier personnage de l'État. Étudions en détail quelles étaient ses attributions. En principe, sa compétence était universelle : « Le chancelier, dit un auteur de l'époque, a cela de plus que le connestable et le surintendant des finances, à savoir que le connestable n'a pouvoir qu'en ce qui concerne la guerre, ny le surintendant qu'en ce qui concerne les finances, au lieu que le chancelier a à voir et sur les affaires de la guerre et sur celles des finances, en ce qu'il faut qu'elles passent par le Conseil ou par le Sceau, ou par la Justice, de sorte qu'il est vray qu'il est comme le controlleur et correcteur de toutes les affaires de France (3) ».

Ses fonctions cependant pouvaient se ramener à quatre principales.

Tout d'abord, la garde des sceaux. En cette qualité le chancelier « dressait ou du moins donnait la forme publique aux édits et toutes autres lettres patentes du roi (4) » en y apposant le grand sceau de France. Il avait même le droit de faire « de son authorité, sous le nom du roy, sans néan-

---

(1) GIRARD, additions au 2ᵉ livre, p. 248.

(2) Comme symbole matériel de cette idée, il était de tradition qu'aux lits de justice, le chancelier siégeât seul aux pieds du roi, sur un tapis continu.

(3) LOYSEAU. *Traité des Offices*, livre IV, chap. II, nᵒ 32.

(4) LOYSEAU, nᵒ 29. — GIRARD. additions au 2ᵉ livre, p. 238.

moins lui en parler, plusieurs expéditions d'importance (1) » : par exemple accorder des lettres de grâce et de rémission (2). Il avait aussi la connaissance et le profit des procès concernant « les faussetés commises au sceau (3) ». François Ier, lors de la disgrâce de Poyet, en 1542, retira au chancelier cette partie de son office (4), mais pour la rendre deux ans plus tard au chancelier Olivier.

La garde des sceaux était parfois confiée à un fonctionnaire spécial ; il n'y avait alors pas de chancelier, ou bien celui-ci était disgracié, et comme il ne pouvait perdre son titre que par sa mort ou par une condamnation pour crime (5), on se contentait de donner à un autre ses attributions. Ainsi, lors de l'arrestation de Poyet, en 1542, il y eut « provision de l'office de garde des sceaux en faveur de François de Montholon », puis en faveur de François Evraut (6) ; ce dernier fut seulement nommé chancelier après l'arrêt de 1545 condamnant et destituant Poyet.

Le deuxième office du chancelier était la présidence du conseil du roi, en l'absence de celui-ci (7). « Mesme en sa présence et des princes du sang, c'est luy qui en prononce les arrêts et a soin de

(1) Loyseau, n° 30.
(2) Girard, addit. au 2ᵉ livre, p. 236.
(3) Girard, p. 235.
(4) Isambert, 12, n° 353.
(5) De Thou. *Histoire universelle*, t. I, p. 404.
(6) Isambert, 12, nᵒˢ 351 et 364.
(7) Loyseau, n° 31.

les faire dresser et recevoir. » En souvenir du temps où le grand conseil n'était pas complètement séparé du conseil étroit, le chancelier en était encore premier président « nay (1) ».

Comme toutes les affaires de l'État étaient délibérées et réglées en conseil du roi, on comprend quelle pouvait être l'influence du chancelier sur le gouvernement. En ce qui concernait la préparation et la rédaction des ordonnances, notamment, la compétence particulière du chancelier, qui était presque toujours un légiste et un jurisconsulte consommé, lui donnait un rôle prépondérant (2) : certains chanceliers, comme du Prat, par exemple, jouissaient d'un tel pouvoir en cette matière, qu'ils employaient la formule « ..... a été délibéré sous le bon plaisir du Roi et de Monseigneur le Chancelier (3) ».

La troisième « prérogative du chancelier » était la « surintendance de la Justice ». Il pouvait, en cette qualité, « présider toutes les Cours souveraines quand il luy plaist s'y trouver (4) ». Il devait « veiller à tout ce qui concerne l'administration de la justice dans tout le royaume, en rendre compte au roi, prévenir les abus qui pourraient s'y introduire, remédier à ceux qui auraient déjà prévalu, donner des ordres convenables sur

_____

(1) LOYSEAU, 31.
(2) ESMEIN. *Cours élémentaire d'histoire du Droit*, p. 434.
(3) V. par exemple l'ordonnance du 22 janvier 1521. — GIRARD, p. 643.
(4) LOYSEAU, n° 90.

les plaintes qui lui sont adressées par les sujets du
roi contre les juges ou autres officiers de justice
et sur les mémoires des compagnies ou de chaque
officier en particulier, par rapport à leurs fonctions, prééminences et droits (1). » Il nommait
enfin à tous les emplois de l'ordre judiciaire ; mais
ce droit n'était qu'une partie de la dernière prérogative du chancelier à savoir la disposition de
tous offices royaux.

« Il baille le titre, c'est-à-dire les lettres de
provision à tous officiers, lesquels il peut refuser
ou différer comme il luy plaist (2) ». Le droit de
collation aux offices fut enlevé au chancelier en
août 1542, après les abus qu'en avait, paraît-il,
fait Poyet (3). Comme conséquence de ce droit de
nomination, le chancelier avait pouvoir de juger
les différends « concernant le titre des offices » ;
il avait pour cela des assesseurs, les maîtres des
Requêtes de l'Hôtel (4).

Telles étaient les principales fonctions du chancelier, mais, comme nous l'avons déjà dit en com-
mençant, ce n'étaient pas les seules. La direction
de la politique extérieure, les finances surtout (5),
relevaient encore de lui. C'était, en somme, un
véritable premier ministre (6).

(1) *Encyclopédie méthodique.*
(2) Loyseau, nº 22, *Actes de François Iᵉʳ*, 1703.
(3) Isambert, 12, nº 353.
(4) Loyseau, nº 90. — Ordonnance d'août 1539. Fontanon, I,
p. 134.
(5) *Actes de François Iᵉʳ*, nᵒˢ 5.418 et 5.419.
(6) L'inventaire des papiers saisis chez Poyet lors de son arres-

Maintenant que nous connaissons toute l'étendue des pouvoirs que possédait le chancelier Poyet, il va nous être facile de comprendre les nombreux griefs relevés contre lui, lors du procès criminel que nous étudions.

Le premier crime reproché à Poyet était le crime de péculat ou appropriation de deniers publics (1). On l'accusait d'avoir étendu abusivement un don que lui avait fait le roi lors de son arrivée à la chancellerie. Ce don, dans la pensée du roi, comprenait « les restes des finances dûes à feu Madame par les comptables de ses terres et seigneuries, après avoir pris par ledit seigneur, neuf, vingt et dix mille livres tournois (2) », et devait s'élever environ à deux mille livres tournois. Les gens du roi reprochaient au chancelier de s'être servi d'un faux brevet portant seulement « après dix mille livres tournois pris par le roi » ; et d'autre part, d'avoir fait établir le compte de ces « finances » en portant à l'actif les sommes dûes pour le trimestre qui suivit la mort de Madame et les produits de la traite d'Anjou et des

tation nous donne une idée de la multiplicité des affaires sur lesquelles il exerçait son influence, qu'il contrôlait ou dirigeait ; on y trouve les textes originaux des traités, les instructions aux ambassadeurs, les rôles des dépenses et des recettes, les états de la situation des places fortes, les rapports sur les besoins des armées, des pièces relatives aux affaires religieuses, des requêtes adressées au roi ou au conseil, la correspondance entre les Parlements et le chancelier, des doubles d'ordonnances ou des projets d'édits. — Porée, p. 68.

(1) *Procès*, p. 154.
(2) *Procès*, p. 155 et 159.

greniers, toutes sommes non comprises dans les termes de la donation ; de sorte qu'en définitive, il aurait reçu dix-neuf mille livres tournois. Poyet, de son côté, prétendait n'avoir touché ces dix-neuf mille livres qu'en vertu d'un acquit ou quittance signée du roi (1), et n'avoir pas eu connaissance des irrégularités du compte établi par le trésorier de Madame, Baguin, sur lequel il en rejetait la responsabilité. François Ier, dans sa déposition (2), reconnaissait avoir signé l'acquit des dix-neuf mille livres, mais se plaignait d'avoir été « circonvenu » à ce moment. En somme donc cette accusation contre Poyet se réduisait à celle d'avoir abusé de sa position et de son influence pour se faire accorder une libéralité excessive ; on aurait pu lui reprocher d'en avoir reçu bien d'autres (3) ; on aurait pu faire le même reproche à tous les favoris du roi, Duprat, Chabot, Montmorency (4). Cela nous donne une triste idée de tous ces personnages, de la prodigalité de François Ier, et du désordre qui régnait dans les finances, comme nous l'avons déjà constaté. Cependant, l'expression de péculat nous semble inexacte, car elle désigne les malversations commises par un comptable de deniers publics, ce qui n'est pas le cas ici.

(1) *Procès*, p. 163.
(2) *Procès*, p. 243, 244.
(3) *Actes de François Ier*, 7.462, 7.549, 7.992, 10.197, 11.223, etc.
(4) *Actes de François Ier*, 380, 618, 2.286, 3.229, 3.241, 3.296, 3.682, 4.139, 4.649, etc.

La seconde accusation portée contre Poyet était d'avoir altéré un jugement de condamnation rendu contre un certain Nolles, qui lui aurait, pour cela, donné quelque somme d'argent. Le chancelier ne se défendait pas d'avoir ainsi arrêté le cours de la justice, mais il prétendait ne l'avoir fait que sur avis conforme du roi et en considération des grands services rendus par ce Nolles, qui avait dévoilé les fraudes commises par les fermiers de la foraine et fait gagner à l'État cent mille écus. Nous nous trouvons ainsi en face d'une nouvelle application de la théorie de la justice retenue : le roi, et en son nom le chancelier, pouvant toujours se substituer aux juges ordinaires, en suspendant le mandat qui était la seule source du pouvoir de ces juges. Il était aisé de voir à quels abus pouvait conduire l'application de cette théorie ; mais il nous est impossible de dire si, au cas particulier qui nous occupe, il y eut abus et corruption du chancelier.

Le troisième chef d'accusation est rangé sous la rubrique « faussetés commises et protégées (1) ». D'après le procureur du roi, Poyet avait, en 1534, acheté la terre de Boynes à la comtesse de Brienne, qui s'était réservé la faculté de réméré dans un délai de deux ans ; mais, quand la comtesse avait voulu exercer ce droit, elle s'était heurtée à la mauvaise foi du chancelier qui, par divers artifices, l'en avait empêché jusqu'à l'expi-

(1) *Procès*, p. 177.

ration du délai. La comtesse avait alors présenté une donation par elle faite à son fils, de la même terre de Boynes, antérieurement à la vente, qu'elle prétendait faire annuler de ce chef. La donation avait été reconnue fausse et une information ouverte contre les notaires qui l'avaient rédigée. Le chancelier aurait alors arrêté le procès en faux intenté à ces notaires et ordonné leur mise en liberté, moyennant la renonciation de la comtesse de Brienne à ses prétentions. Poyet aurait ainsi, dans un pur intérêt personnel, mis un obstacle au cours de la justice.

A cette accusation, il n'opposa que de mauvaises raisons. Il prétendit que son entourage, profitant d'une maladie qui l'empêchait de savoir ce qu'il faisait, lui avait fait signer la lettre ordonnant l'élargissement des prisonniers (1); il ajouta que cette lettre avait été écrite par lui comme particulier et non comme chancelier (2), qu'elle était seulement un consentement à la cessation des poursuites en ce qui touchait son intérêt privé.

En quatrième lieu, Poyet était prévenu de « concussion, création et disposition d'offices ». On le chargeait d'avoir accepté des présents et de l'argent de personnes en faveur desquelles il rapportait une requête au conseil privé ; d'avoir vendu des offices, d'en avoir créé pour les vendre

(1) Procès, p. 194.
(2) Procès, p. 206.

ou pour les donner à ses créanciers en paiement de ce qu'il leur devait. Le chancelier avait, nous l'avons vu, la disposition de tous les offices ; d'autre part, avec le triste système de la vénalité des charges, dont nous avons parlé dans le chapitre consacré aux finances, il n'y avait rien d'étonnant à ce que des abus se produisissent. Poyet niait en avoir commis.

Le cinquième chef d'accusation comprenait des « évocations vexatoires, violences, abus de pouvoir ». On reprochait au chancelier d'avoir retiré aux juges précédemment saisis la connaissance des procès relatifs à des « faussetés et autres fautes commises au scel du roi », pour en avoir le profit ; d'avoir poursuivi des innocents afin de pouvoir confisquer leurs biens ; d'avoir fait mettre en liberté à prix d'argent des coupables, et notamment un sieur de Buffac, dont il entretenait les filles. Poyet répondit que, de tout temps, les chanceliers, ses prédécesseurs, avaient eu la connaissance et le profit des procès concernant les faussetés commises au sceau (1) — ce qui était absolument vrai ; — qu'il n'était pas responsable des erreurs de ses juges, que d'ailleurs les intéressés pouvaient y remédier, « et se pourvoir par appel ou autrement (2) » ; que les lettres de rémission n'avaient besoin d'être signées que du chancelier et d'un secrétaire du roi, et par suite qu'en

(1) Procès, p. 256-259.
(2) Procès, p. 286.

les accordant, il n'avait fait qu'user de son pouvoir (1).

Telles furent les accusations portées contre le chancelier Poyet et que la commission déclara vérifiées. On remarque d'ailleurs à la lecture des interrogatoires qu'à mesure de l'achèvement du procès, la courtoisie dont au début les juges faisaient preuve envers l'accusé (2) fit place à la dureté et à l'arrogance, et que finalement les gens du roi firent en pleine cour (3) une « remontrance » sévère au chancelier Poyet sur « sa morgue et son avarice » ; celui-ci, au contraire, se montra d'une humilité et même d'une platitude excessives et manqua tout à fait de dignité (4).

Après la fin des interrogatoires, la Commission délibéra de suite son jugement ; il n'y avait pas, puisqu'on procédait à l'extraordinaire, place pour une plaidoierie d'avocat ; Poyet cependant pouvait communiquer avec un conseil, M° de Masparault (5), greffier de Guyenne, mais celui-ci ne prenait jamais la parole au nom de son client.

L'arrêt fut rendu le 24 avril 1545 (6). Il condamnait le chancelier à cinq ans de détention, cent mille livres d'amende, la perte de ses emplois ; il le déclarait incapable à l'avenir de « tenir office

(1) Procès, p. 291.
(2) Procès, p. 207.
(3) Procès, p. 324.
(4) Procès, p. 330.
(5) Procès, p. 338.
(6) Isambert, 12, n° 395.

royal ». Le même arrêt condamnait deux complices de Poyet, Mᵉ Le Royer et Martineau, conseillers au Châtelet, qui avaient été ses hommes
de confiance.

Cet arrêt fut trouvé trop doux par le roi, qui
reçut fort mal les délégués de la commission (1)
chargés de le lui porter ; François Iᵉʳ, poussant l'ingratitude à ses dernières limites, aurait voulu la
condamnation à mort et la confiscation des biens
de son ancien favori (2).

Pour nous, le chancelier était certainement
coupable : il avait abusé de son passage au pouvoir
pour s'enrichir, lui et les siens. Mais ce qui nous
paraît injuste, c'est qu'il ait été condamné, en réalité, moins pour avoir commis ces fautes que pour
avoir déplu au roi ; il semblerait, d'après ce procès,
que la volonté ou pour mieux dire le caprice du
souverain pussent rendre les mêmes actes vertueux ou coupables, et que la justice n'eût d'autre
fondement que son bon plaisir (3). Poyet fut condamné parce qu'il avait été disgrâcié, la justice
voulait qu'il fût disgrâcié pour avoir été reconnu
coupable.

(1) Procés, p. 354.

(2) Poyet obtint, en 1548, un arrêt du Parlement l'autorisant
à poursuivre la révision de son procès ; sa mort survenue quelques jours après l'empêcha de le faire (Porée, p. 124).

(3) « Ce qu'il estimait, pendant sa vogue, une peccadille,
venant devant les yeux des juges, est non seulement estimé
péché mortel, mais criminel, » Pasquier, *Recherches de la
France,* liv. VI, p 552.

CONCLUSIONS

Parvenu au terme de cette étude, nous sommes assez embarrassé de conclure. D'une part, en effet, nous croyons avoir démontré le mal fondé de plusieurs des accusations portées contre Poyet ; nous avons aussi fait ressortir son dévouement à la chose publique, sa haute intelligence et son activité merveilleuse ; mais d'autre part nous l'avons vu abuser de sa puissance pour s'enrichir malhonnêtement et pour servir ses rancunes personnelles. Nous nous trouvons donc en face d'un personnage complexe, ayant à la fois de grandes qualités et de grands vices, ce qui nous explique et la sévérité des historiens et l'estime que lui conservèrent, après sa disgrâce, quelques amis restés fidèles.

Pour être juste, il faudrait, tout en déplorant chez Poyet l'absence de moralité et de dignité, lui tenir le plus grand compte du mérite dont il fit preuve comme homme d'État. Il faudrait aussi se rappeler que le défaut d'intégrité fut la grande tare du XVIe siècle : tous les hommes politiques de cette époque, les Montmorency, les Chabot et les autres ne manquèrent pas de tirer de leurs situations tout le profit personnel qu'ils purent. La notion

que nous avons aujourd'hui de l'État et des fonctions publiques ne s'était pas encore fait jour, et
les actes de malversation ne présentaient pas alors
la gravité que la conscience publique leur attribue
aujourd'hui ; les mœurs du temps les autorisaient
en quelque sorte. Et si l'on songe enfin que la
puissance immense et sans contre-poids dont
Poyet jouissait en qualité de chancelier était un
fardeau bien lourd pour un seul homme, on ne
peut s'empêcher de trouver dans cette constatation un nouveau motif d'indulgence.

Vu :
Le Président de la Thèse,
GAVET.

Vu :
/ Le Doyen,
E. LEDERLIN.

Vu et permis d'imprimer.
Nancy, le 19 Novembre 1900.
Le Recteur de l'Académie,
CH. GASQUET

TABLE DES MATIÈRES